人的生涯规划是新时代的潮流，

也是现代人的课题，

生涯规划越早，胜算越大，越受用。

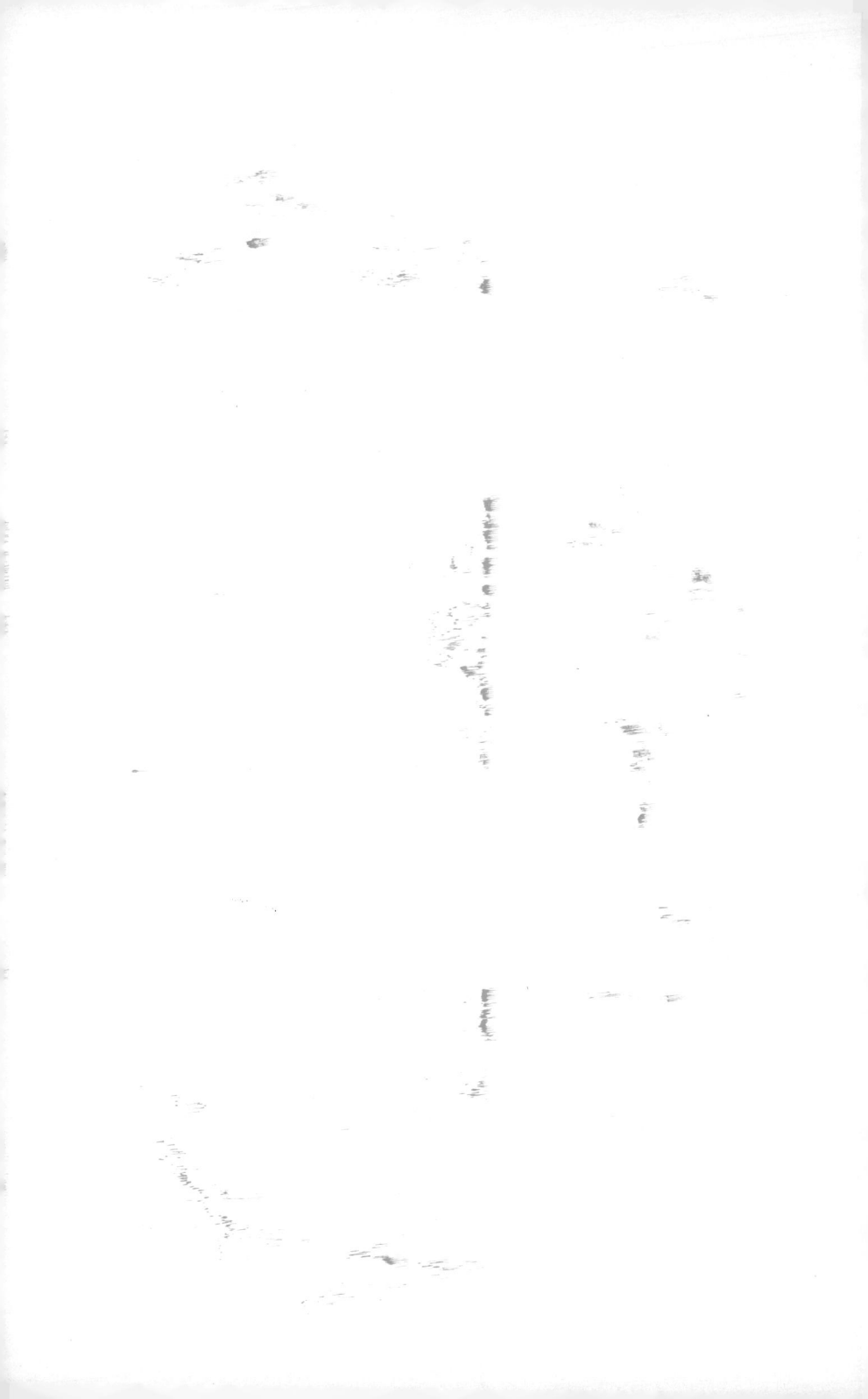

规划一生

张　航◎编著

吉林出版集团股份有限公司

图书在版编目（CIP）数据

规划一生 / 张航编著. —长春 : 吉林出版集团股份有限公司, 2018.7
ISBN 978-7-5581-5564-2

Ⅰ. ①规… Ⅱ. ①张… Ⅲ. ①职业选择—通俗读物
Ⅳ. ①C913.2-49

中国版本图书馆CIP数据核字(2018)第155705号

规划一生

编　　著	张　航	
总 策 划	马泳水	
责任编辑	齐　琳　史俊南	
封面设计	中易汇海	
开　　本	880mm×1230mm　1/32	
字　　数	200千	
印　　张	9	
版　　次	2019年10月第1版	
印　　次	2019年10月第1次印刷	

出　　版	吉林出版集团股份有限公司
电　　话	（总编办）010-63109269
	（发行部）010-67482953
印　　刷	北京欣睿虹彩印刷有限公司

ISBN 978-7-5581-5564-2　　　　定　价：42.00元

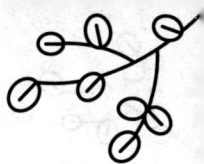

前言

　　规划人生，就是要确立好自己一生的目标，然后全身心地投入。主宰自己，就是要把命运掌握在自己手里，坚定地按照自己确立的目标走下去，这样，你的努力总有一天会得到回报。不要为自己寻找借口，你身上已经具备了你所需要的一切东西，你完全可以去追求自己想要的生活。我这里所做的，就是推你上路，去追求自己的目标，实现自己的使命。

　　通过阅读本书，一定会让你发现，它确实让人感到鼓舞，充满希望。书里所讲授的这些知识，都是我花费毕生精力才得到的。如果读者能够从中获益，运用自己学到的知识来增强自己的能力，为自己找到一种理想的幸福生活，那也是我的成功。在你未来的人生旅程中，我还会不遗余力地帮助你。

　　在生活中，有很多人都体会过亨利·戴维·梭罗所说的那种"无声的绝望"。这类人，虽然外表看起来十分成功，内心却毫

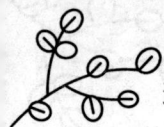

无快乐可言，他们并未相信自己的生活其实是由他们自己支配的。这样的处境，是多么不幸啊！而这样一些问题，其实可以通过自己的智慧，让自己对事物有更加清醒的认识，同时保持旺盛的活力，来加以克服的；倘若能够做到这一点，就可以提高我们生活的品质。你也可以去发展这些品质，成为和他们一样的实现自我的人。只要我们有决心，什么都不能阻挡我们。

我们每天都会做一些事情，帮助别人去认识、发现自己，让他们知道，如何让每天的生活更快乐、更有成就；每天都能学习、进步。只要你认真去做，从现在起你就可以获得自由，你就可以把一切限制、一切忧虑和失望抛到一旁，开始新的生活。

本书出版的目的，是帮助读者提高自己的认识，实现自己原来想都不敢想的幸福和自由；它可以帮助广大读者更加敏锐和充满智慧，可以帮助读者提高处理生活中各种问题的能力，尤其是解决那些日常生活中最迫切、最无可逃避的问题的能力。

另外，对于如何才能实现事业的成功？如何有助于实现这一目标？本书都做了详细的解释。可以说，书中所介绍的这些步骤都是经过验证的和行之有效的方法，在那些无数的伟大人物、成功人士身上，都曾体现出来。

目录

目录 / 规划一生 /

目录

目录

目录 /规划一生/

第一章

为目标准确定位

知道自己需要什么

> 知道自己需要什么的人，他的一只手实际上已经触摸到他的目标了。
>
> ——乔治·马修·亚当斯

我们的生命并不是一种单纯的存在。我们也并非仅仅是这个星球上的过客。如果我们发现以往做出的决定并不能给我们带来和平、宁静和欢乐，我们就有必要对它加以重新审视，去寻找那些更可能使我们实现自我的方案。我们潜在的禀赋，也只有在我们真正懂得尊重自己内心的时候，才最有可能被我们意识到、有可能得到发展。真正的目的感只可能发自我们的内心，而不可能是别的什么地方。

这种目的感可以说是我们人生的动力和指南。没有了指南，即使努力，也不知道我们的努力是为了什么，我们只是一天天地打发光阴而已。很多人在人生路途上，时常觉得消沉、疲惫，对一切失去兴趣，这可能是主要的原因。

要摆脱这一点，我们不妨每天抽一些时间出来，幻想一下，如果我们真的在从事自己喜欢的事情，那会是什么样的情景。还有，人总是乐于为自己的不做选择、逃避变化寻找各种内在、外在借口，然而，这些借口都是我们前进路上的障碍，是要彻底抛弃的。我们需要一支新的彩笔，重新去描绘我们的生活，去实现那个独特的自我。

有一条捷径可以帮助我们找到人生的目的地，那就是关注我们周围的人，尽力帮助他们提高生活的质量，尽可能友善地对待别人，而不是埋头关注自己个人的物质欲望。这样，我们可以在使他人的生活获得升华的同时，自己也得到升华。

不过，寻找生活的意义，并不意味着只沉浸在一事一物中，而忽略其他的一切。生活的意义是要在生活的一切方面都得到体现的，而不是只把意义寄托在某一个人、某一件事或者某一个目标上。为此，重要的是，不论我们在从事什么，不论是生活的哪一方面，我们都要积极地为自己寻找目的感。

我们已经看到，帮助别人，正是为自己寻找人生意义的一条捷径。我们自己的生活，会因为周围人生活品质的提高而发生改变，而更有价值。一旦我们献身于造福他人的事业，我们也就为自身的存在找到了意义。

让周围的人也能享受到你的劳动、你的时间和你的快乐吧，这样你也就找到了一条最好的路，使自己的生活也充满健康向上的精神。现在，你将不再是行尸走肉的存在，你的生活拥有了更高的目标，你为社会奉献你自己。从此，你看到自己手边工作的眼光也和从前不同，你能够从中感到振奋、有动力。

除了服务他人以外，还有更重要的一点是，永远不要拒绝新的机会。不要因为自己在某个领域受了多年的教育，获得了学位，就不肯改弦易辙，尝试新的工作。

凡是让你激动、让你激情喷涌的东西，都可能是你新生活的契机。要知道自己的真正价值所在，不管做什么，都不要降格以求。你有能力做好你想做的任何事情，你唯一需要的就是去做，去改变。不要仅仅出于义务去从事一项工作，不要看别人的脸色，听凭别人的好恶。人生苦短，我们没有时间浪费自己的生命。

第一章　为目标准确定位

　　不要总是坐等一切发生，错过了时机也就意味着你失去了一切。不要斤斤计较于眼前的得失，风物长宜放眼量，我们眼睛真正应该关注的是生活的原则、方向，那就是，去接触自己喜欢的人，去做自己希望的事。

　　一旦我们的注意力从物质追求中转移开，我们就会发现我们的思想、感情和行为都焕然一新，一切都指向了一个更高的目标。这时候，我们仍然追求成功，但我们并不受它的支配；只要我们按照自己的生活道路行进，它自然地就会降临到我们身上。

　　不必担心我们的付出没有回报。事实上，付出越多，我们得到的也越多。我们不会再执迷于物质上的欲望，不会再像守财奴一样呵护着自己的所得。只要我们心里时刻记得自己的目标，记得自己要到哪里去，那么，不必担心我们所需要的不会属于我们，总有一天，当我们真正需要的时候，它会出现的。

　　当一个人不必再为生命的意义苦思冥想的时候，他就已经步入了更高的阶段。他的每一天自然会体现出意义。如果我们把帮助别人作为自己的职责，最终的结果，我们会发现自己获得了前所未有的成功和财富。

　　更多地去关注他人，让他人成为你生活的一个重要组成部分，最终你会像俗话说得那样，"种瓜得瓜，种豆得豆"，你会有收获的，同时你又不会对收获与否抱一种过于急切、功利的态度，能够做到心态平和，这是最可贵的。

　　对人友爱、宽容、关怀，是幸福生活的秘诀。威特博士在他的很多名著中都提到了这点，他说："我们赤条条地来到这个世界，又赤条条地走。生命中实际能做的，就是把它奉献出去。"

　　我们不仅要有终极的、远大的目标，而且，也要有在日常生活中能够履行的目标。如果只是把眼光投向很远的将来，很可能我们的日常生活仍然会在碌碌无为中度过。所以，只有把长远的目标和每天要做的事情结合起来，它才有意义。

而且，真正占据我们日常生活的，也不应该是什么金银珠宝，而应该是那些真正值得我们珍惜的东西：家庭、朋友和理想。金钱财产何足道哉，世俗的酬报又焉能使我们的生活真正充实？我们要打破这种对物质财富的迷恋，重要的是我们相信自己的选择是正确的，其余的就不足为患了。

一个迷恋外在目标、觉得人生缺少了这些东西就不完整的人，他们实际上已经成了它的奴隶。一旦他能从这种追求中挣脱出来，实际上它又会主动向你招手。

在人际交往中，也需要我们意识到自身的这种职责。这里要求我们做的，同样是给予、服务和友爱，不要那么以自我为中心。我们得到多少，取决于我们付出多少。

不要高高在上地去度量众人，不要盛气凌人地去征服别人，多一点同情，多一点体谅，这正是我要告诉你的。

每日箴言

伟大和平庸的心灵，可以从人们所追求的目标中，看出它们的区别。

——华盛顿·欧文

不断地追求，才可以使生命之树常青。

——肯尼思·希尔德布兰德

第一章 为目标准确定位

寻找一个踏实稳固的目标

要想使我们的精神获得安宁，最好的方法是寻找一个踏实稳固的目标，让我们的灵魂可以将全部的智慧专注于其上。

——玛丽·雪莱

还有没有什么办法可以让我们的生活有意义呢？一个好的方法是，给自己设定一个有挑战性的目标，要完成它，可能需要我们付出一生的精力，它也因此可以贯穿我们的整个人生，成为我们终生的指导。我们的行动不能没有目标，就这一意义来说，目标具体是什么已经不那么重要，重要的是，它使我们在行动中能获得乐趣，能够使我们满怀喜悦地投入到我们的行动中。只要这一目标可以为我们的行动勾勒出一个明确的方案，可以让我们集中全部的精力，其实它就为我们的生活赋予了意义。

发现目标只是开始，真正激动人心的时候是挑战即将来临，我们起而迎接挑战的时候。就这一点来说，目标实现与否倒不是那么重要的事情，真正重要的是我们为了达到目标所付出的辛勤努力。

天底下最不幸的一种人是，他明明知道自己该做什么，却仍然毫无作为。一个知道自己的真实愿望，并且为此而付出劳动的人，他的知与行才是真正合一的，他的生命也才真正实现了和谐。这个时候，我们不会再将时间无谓地浪费在各种怀疑、恐惧和悔恨的情绪上，相反，我们可以在内心发展出一种力量、一种安宁平和来。

我们每个人身上都会有一些可以造福世界，有益于人类的禀赋，我们要小心避免的是，不要让日常琐事中发生的不快影响到我们对真正幸福的追求。我们应该全身心地投入到我们所选择的事业上，把那些细枝末节都抛到脑后；我们应该改变我们的思维方式，克制自己，一心一意，专注于最终的成功。

每个人不妨问问自己，自己的生活是为了追求什么。财富？名望？是想做个音乐家、艺术家，还是愿意帮助那些得不到关爱、不能享受到正常人所能够享受到的一切的儿童？是希望自己能发明、改善某个计算机的硬件，还是立志做个好母亲？

然后，再问问自己，为什么自己做了这种选择？一个重要的理由，难道不是因为，它让你感到愉悦，让你能够获得一种马斯洛所说的高峰体验吗？如果我们把余生都投入到这样的目标当中，那么，在余下的生命中，我们就能够时时感受到这种高峰体验。为此，我们所需要做的就是，专注于自己内心真实的愿望，把前进路上可能出现的一切怀疑、恐惧，都彻底抛开。

我们应该敞开我们的心扉，打开我们梦想的翅膀，任它飞翔。生活中经常会有一些有趣的事，不要忽略它们的存在。让热情再次回到我们的生活中，让我们再次振奋起来。不要扼杀自己的想象力，那是你的宝贵财富，要按照自己的愿望去设计生活。我们时刻需要记住的一点是，这一切其实都是我们能力范围内的事。所以，在设定目标的时候，不要以高就低，宁可把目标定得高些、远些。因为，我们在旅行中感到的快乐，实际上是和我们要达到的目标是否远大成正比的。

千万不要把时间浪费在没有意义的自我宽慰上，说什么如果我去做了某件事情，那么我的理想就会实现，这纯粹是浪费时间。要做就现在去做，要追求幸福就现在去追求。人生是一场无

第一章　为目标准确定位

休无歇的斗争，每一天都不能轻易放过，要尽情地去享受欢乐、友爱。

要记住：真正的失败者不是一直在尝试的人，而是那些从不去尝试的人。有一个前进的方向，在前进的路途上能让自己、也让别人感到快乐，这远比有没有到达目的地更有意义。

问问自己：如果自己能够拥有的话，希望自己拥有什么？真正重要的正是愿望本身，只要我们自己坚信，最终它就会得到实现。无论是我们憧憬的职业，我们希望与人实现的交往，还是我们一直致力于它的发展的组织机构，最终我们都会如愿。俗话说，不怕做不到，就怕想不到，也就是这个道理。

当然，随着我们生命进程的展开，对我们有意义的事情也会随之改变。可以预见，读者在阅读本书之后，与阅读之前相比，想法也可能有变化，可能发现自己身上原来还潜藏着自己从前并未加以留意的激情。所以，我们需要经常问一问自己需要什么，问一问真实的自己是什么样子，什么使自己真正快乐，什么其实并不能够使我们快乐。

一方面，人的特征、志向和愿望会随年龄、经历的不同而不同；另一方面，它也因人而异。到一定阶段后，每个人都会形成自己根深蒂固的习惯，形成自己对世界思考、理解的方式。

但无论是谁，生命中都会有他自己的目标，即使暂时还没有发现，用不了多久也还是会找到的。有可能它藏在你生命的某处，你自己还没有意识到。这时候，想一想自己最快乐的时候是从事什么的时候，它就应该是你生命中的一部分。如果我们所从事的正是我们热爱的事情，那么，我们永远都不会找借口把事情推到明天。相反，我们会无法按捺，跃跃欲试；我们会感到生的活力，感到自我实现的价值。

每日箴言

一个人最可怜、最羞愧的事情是，如果有人问他一个简单的问题："你希望以后自己做什么？"他却不能给出一个明确的回答。

——约翰·福斯特

寻找一项终生的事业

胸怀梦想，而且愿意为了梦想去付出代价的人才是真正幸福的人。

——莱昂·苏南斯

人在一生中，都需要寻找一项终生的事业。所谓终生的事业，并不见得就是我们大半生都在从事的工作，两者很可能不同，而它带给我们的快乐、成功，甚至财富，是其他任何工作都不能比拟的。怎么判断一项活动是否为我们终生的事业呢？它的一个特征是：它是一项能够让我们产生真正激情的工作，无论我们什么时候想到，都会让我们热血沸腾，心潮澎湃；它是一项我们注定会去做的事情，而且，它不仅对自己有利，多半也对他人有益。那么，为什么说它也会给我们带来物质的财富呢？因为一项能够给我们带来乐趣，使我们全身心投入的工作，往往也会给我们带来很高的回报。所以我们不必担心，尽可能地去从事你热爱的工作，金钱自然而然会溜进你的口袋的。不难想象，除了从

第一章 为目标准确定位

事自己真正喜欢的工作以外，其他还有什么工作能给你带来那么多的财富。

饭要一口一口地吃，路要一步一步地走，世界上的事情是急不得的。对于我们终生的使命，也是要一步一个脚印地去实践的。每走一步，我们距离自己的梦想就近一分。那么，怎么判断一种梦想是真正属于自己，而非别人强加的呢？这时候，要相信自己的感觉，它是不会欺骗你的，它会告诉你，什么事情会真正给你快乐，什么会真正让你感到满足。不要让自己轻易受到别人情绪的感染，不要因为别人的一两句话就垂头丧气，可能他们是出于敌意，可能他们是妒忌你的成功。古人说：君子居必择邻，游必就士。我们所交的朋友，应该是那些能够给我们支持鼓励的人，应该是那些也在追求自己梦想的人。自己的命运，应该由自己掌握，不能让他人染指。

这里，很多事情我们都需要发展自己独立的能力。我们要培养自己解决问题的能力，要学会自己对自己负责；我们要能够知道，什么事情是自己的真正兴趣所在；要让自己在某一方面成为专家，让自己的生活变得更加美好，同时也帮助周围的人美化他们的生活；要知道自己的天赋何在，特长是什么。然后，对于其中那些能够带给自己欢乐的，要注意保护，经常加以使用，并且和自己所选择的终生事业结合起来。过去，在你选择从事的工作中，你可能已经掌握了一些技能、特长，这个时候就要注意判断，它对你实现自己的梦想是否有切实的帮助。古人说，朝闻道，夕死可矣。无论什么时候你能发现自己的目标，发现自己的终生事业，都不嫌晚。关键是，找到之后，就要全力地投入。以下是一些自测题，回答之后你也许对自己该做什么会增加一些

了解:

1. 你最热爱的工作是什么?

2. 如果把它作为自己终生的事业时,也对别人有帮助?

3. 你有哪些特殊的才能和禀赋?

4. 你周围有些什么资源可以帮助你实现自己的目标? 除此以外,你还需要什么才能实现自己的目标?

5. 有没有什么职业是你内心觉得有一种声音在驱使你去做的,而且它同时也会让你在物质上获得成功?

6. 阻碍你实现自己目标的因素有哪些?

7. 你为什么没有现在去行动,而是仍然在观望?

8. 要行动,那么,第一步该做什么?

很多人都有改变自己生活的想法,只是不知道该怎么开始。然而,不知道怎么开始,并不意味着就不应该开始。如果这种改变是自己深思熟虑、盼望已久,又真正符合自己梦想的话,就更是如此了。

接下来我们做另一个练习,它的目的就是帮助你开始行动。先想一想,自己如果有时间去实践的话,有哪些想法对自己来说比较重要,把它们列出来。在我们的列表上,应该会有一些让我们有强烈冲动、愿意把它变成我们日常生活的现实的想法。这些想法中,有的可能你从来没有想到要去实践,有的你可能觉得距离你过于遥远,不过,不管怎么样,先保留在列表上,不要擦掉。

我们中的多数人都会从事某项工作,而且,为了生计,不得不继续干下去,这非常正常。不过,既然你已经看过自己的列表,知道自己真正想做的是什么,那么现在,你可以先利用自己

的空闲时间，慢慢地开始做一些自己喜欢的事情，比如，可以先阅读一些相关的作品，尽可能多花一些时间来学习，可以听听有关的广播电视节目，读读相关的报纸、杂志等。

与此同时，你要尝试接触一些从事这一领域的人士，这是最重要的一步。无论他们是成功或者失败，都能给你不少教训，让你节约很多时间，少走很多弯路。

然后，尝试去寻找一下这方面的兴趣团体，争取成为他们的正式会员，这样你可以比较方便地获得信息，掌握各种信息渠道。运气好的话，说不定还有可能找到一份工作，你既能够得到技能的培训，还可以赚到一份工资。

既然已经认定自己的使命，那么，不要慵懒，每天都花一点时间在上面；至于一些其他的东西，只要应付过去就可以了，不要让它占据你全部的时间。这时候，你必须自己对自己从严要求，给自己制订一些计划，每天该做些什么。如果哪天自己有了突破，那么，别忘了给自己一些奖励，然后，不要停顿，马上把目光放到下一项任务上，全心去准备。

现在，概括一下上述做法它所包含的步骤：先为自己规定好目标，同时合理安排时间，每天都坚持进行必要的练习；然后，拓宽自己的交往渠道，争取和有关人士建立、保持联系，或者加入相关组织；还有，每一步计划都给自己规定一个最后期限，让自己学会对自己负责。这之中，最重要的一点是，要喜欢自己所做的事情，相信自己的能力，相信自己一定能够成功。

这里我们提到了两种目标：一种是终生的大目标，一种是人生随处都会有的小目标。后者往往不难达到，而前者只有付出艰巨的努力才能实现；后者可以不止一个，前者则始终伴随我们一生；小目标我们每时每刻都在选择，而终生的目标只能被发现。

即使这些小目标，也绝不可以轻视，完成它们不是那么轻而易举的事情，需要付出劳动和心血，不时还可能遇到一些波折。这时候，我们要以平常心相待，因为波折本身也是我们追求过程中的一个组成部分。不要把波折作为我们逃避退缩的借口，相反，要处之泰然，要积极迎上，这样才会不断进步。

我们可以自己做出承诺，一定要实现梦想。这是一个好方法，不过要意识到，做一个承诺并不是张口说说那么简单的事情，重要的不是在那一时，它需要我们每天持续不断地为之付出努力。再有一点，自己在心里暗暗地向自己保证，或者，告诉别人，让别人来监督自己，这样的做法用处并不大，如果你自己心里并不真想那么做，那么再多的承诺也是无用的。你可以尝试把自己做的保证写下来，这样对照着看，实践起来就比较容易一些。

一个人如果无法忠实于自己的梦想、使命，他在精神上就永远没有成熟，他就是怯懦的、软弱的。

人生的康庄大道也是要靠激情才能使我们不至于走上歧途，或者中途停步。毫无疑问，路上会有许多阻碍在等待我们，这时候，需要我们的热情，需要我们对人生意义孜孜不倦地追求，这是一种高贵的偏执。在人生路上最需要克服的一种心理，就是随波逐流，不知道自己从哪里来，也不知道自己要到哪里去。

我们应该去寻找生命的这个大目标：这个目标一定是建设远多于破坏的，它不仅带给你和平、幸福，伴随你的一生，而且，他人也能从你的追求中获益。

人生的目标一旦发现，它就应当占据我们全部的思想。对于那些有助于我们达到这一目标的各种知识、消息，我们随时随地都要保持敏感。这种贯穿我们生命始终的目标，只有我们自己去创造、去实践，他人无法代替；它是对辛勤探索者的酬劳，并不会在我们的生命中自动出现。

在我们发现我们的目标之后，接下来最需要做的事情是，多在我们的周围，我们的亲朋好友那里寻找盟友，比如丈夫、妻子、女友、父母或者好友，都是我们实现人生意义的好帮手。只要他能切实地理解、支持我们，我们就都应该珍视与他的关系；相反，对于那些持有敌意和偏见的人，没有必要过于期待他们的友情，也不必把自己的选择告诉他们。我们的成功、我们的友情，都应该建立在诚信、互助的基础上。

要实现人生的意义，我们所需要的不是美好的愿望，而是切实的信仰。我们永远不应该对自己说什么"这不可能"，即使遇到暂时的挫折，也要敢于直面，不要退缩；一次失败了，可以总结经验，然后再去尝试。有志者事竟成，坚持不懈是成功的不二法宝。

人人都渴求幸福，而幸福，恰恰会在我们追求意义的过程中不期而遇。

每日箴言

伟大的事业，常常起于一些看似微不足道的机遇。

——德谟斯提尼

倘若我们把工作只看成为了谋生，那么，它不会给我们带来更多的意义。

——贝特拉姆·列乌维斯

缺乏耐心，我们就永远与成功无缘。

——埃德温·查平

一个人倘若不把自己奉献于某项壮丽的事业，从中为自己赢得荣耀和财富，那么他的生活不可能长久地充满希望。

——迪克斯特拉

自我实现的人

茫茫宇宙之中，其实我们力所能及、能够使它变好的，只有一个地方：那就是自我。

——阿尔多斯·赫胥黎

我经常使用"自我实现"这个词，或许读者已经发现这一点。这一术语最早由比尔博士使用，威廉博士也曾用过类似的一个词，叫"自我成就"，我自己用得比较多的，还有"自我完善"。

比尔是这一领域的开创者，他最早的研究纯粹出于偶然。在他求学期间，他遇到了两位令他非常钦佩的老师，在比尔看来，他们属于人类极少的拥有某些特殊品质的那一部分人。他非常希望了解他们是如何成长的，而后，他的兴趣又由这两个人扩展到这一类人，早先纯粹出于兴趣驱使而进行得非常不正规的研究，逐步发展成更深入、成体系的研究。

比尔的研究对象都是一些年长者，他们的成就已经举世公认，此外，也有一些被选对象是因其健康、坚强而有创造力的人

生而入选。这一研究的目的，按照比尔的构想，是要发现这些人身上具有的那些特殊的，从而也是普通人身上不具备的品质、习性。这些人，他们在各自的领域都达到了某种巅峰状态，他们就是他所称的"自我实现"的人。

比尔博士在研究报告中指出，这些人一个共同的特点就是，他们都让自己投身于一个外在于自己、高于自己的事业，工作在他们看来是一种召唤、一种使命，不仅不是累赘而且是非常珍贵的经历，"他们所致力的，正是命运召唤他们去做、他们也深深热爱的事情。在他们那里，并没有通常人们所说的工作和娱乐的差别"。

比尔博士认为，自我实现的含义就是"充分、生动、忘我地去体验，全身心地去投入"，他完全摒弃了自我意识。自我实现（或者说自我成就、自我完善）的过程，就是不断选择的过程，我们可以选择一种充满焦虑的生活，可以选择安稳，也可以选择不断进步。追求进步，就意味着追求自我的实现。

在追求自我实现的过程中，还有一些步骤也是必需的，这包括倾听自己、对自己坦白、对自己负责。一个人自我实现的过程，就是他逐步了解自己人生、了解自己使命的过程。只有认真倾听自己的人，才可能为自己做出明智的选择。只要是自己的愿望，即使不为人认可，即使千夫所指，也丝毫不必畏缩。

自我实现是一个不断向前的过程，它意味着我们必须运用我们的智慧，它意味着我们要经历长途的跋涉，才能达到最终的目的地。

自我实现就是一个逐渐了解自己的本来面目、了解自己的喜好、爱憎和未来方向的过程。自我实现的人是那些基本需求已经满足的人，他们现在所拥有的，是友爱、归属、自尊和受人尊敬。

那些已经实现了自我的人，我们一眼就可以辨认出来。他们在谈论自己的工作或未来方案的时候，总是充满信心，让人感到他们正是最合适的人选，他们注定就是要完成这一切的。他们能够把自己的工作说得绘声绘色，充满热情，工作带给他们一种远远大于工作本身的感觉。他们忘我的工作精神，周围的人立刻就能感觉到；他们在自己的工作中，无论所从事的是工程机械、是艺术创造，还是生儿育女，都带有一种崇高的使命感。

自我实现的人，他们的金钱观也是与众不同的。对于他们，生命中最重要的时刻是他们从事自己所热爱的事业的时刻。他们并不轻视金钱，也承认它的重要，但并不把它视为最重要的或终极的目标。工作本身对他们而言就是酬劳。

这些自我实现的人，都知道自己的事业所在，都非常强烈地认同自己的工作，工作已经成为他们生命中不可缺少的一部分。他们在工作中，看重的不是结果如何，过程本身就带给他们快乐。由外部的经历而能获得内在的快乐，这是更高的满足。

比尔有一部名著《人性所能达到的境界》，在书中，他列举了自我实现的人所拥有的动机、所获得的满足：

（1）他们因为阻止了残暴和剥削而喜悦；

（2）他们愿意见到自己因德行而受报偿；

（3）他们乐于善始善终，使事情完满；

（4）他们尽力使事情变好，除恶扬善；

（5）他们助人为乐；

（6）他们喜欢回报、喜欢称赞、喜欢德行；

（7）他们不求人人都夸奖他们好；

（8）他们选择自己的事业，不是为了宣扬，或者与他人攀比；

（9）他们喜欢宁静、和平；

（10）他们务实、精明；

（11）他们讲求效率；

（12）他们爱这个世界，同时也在努力改造它，让它变得更好；

（13）他们积极面对工作的挑战；

（14）他们乐于见到事物向好的方面发展；

（15）他们并不看重他人的赞扬、崇拜，不看重荣誉、金钱和名望；

（16）他们热衷于探索神秘未知的领域，而不是因恐惧畏缩而止步；

（17）他们憎恨一切伪饰、浮华、残忍、腐化和欺诈；

（18）他们以为才华不能尽情施展是人生莫大的憾事；

（19）他们以为，应该为每个人提供同等的机会，使人各尽其才；

（20）他们不以自己的幸福为满足，希望看到或者帮助别人也获得幸福。

（21）他们都看重自己工作的意义。

事实上，在阅读本书之后，你也可以去发展这些品质，成为和他们一样的自我实现的人。只要我们有决心，什么都不能阻挡我们。

理解力的提高是为了两个用途：首先，增进我们自己的知识；其次，将这种知识传递给他人。

——约翰·洛克

如果我们要享受生活的话，就应该趁现在，而不是明天、明年，甚而是等到我们死后的某一天。如果我们希望明年过一种更好的生活，那么，最有把握的是今年就争取这样去生活。如果我们的希望全部寄托在将来，而不是用来丰富我们现在的生活，那么这些希望是毫无意义的。今天，应该成为我们最辉煌的一天。

——托马斯·德雷尔

我们不仅存在着，而且生活着；不只是去触摸，而且要去感觉；不只是在看，而且是在观察；不只是去阅读各类作品，而且要有所收益；不只是要听到些什么，更重要的是倾听；不只是要倾听，更要去理解；不只是想，而且要去思考；不只是闲聊，而且要说出些东西来。

——约翰·罗德斯

第一章　为目标准确定位

确定自己的终极目标

如果我们能找到自己真正热爱的事业，那么工作就再不会是一件需要我们去忍受的累赘。

——哈尔维·麦凯伊

如何去寻找我们终生的事业呢？我们一生的辉煌，都寄托在它的身上，对于这样一个目标，我们要调集我们全部的技巧、才华、经验和能量，要为将来制订好计划，才可能完成它。具体的办法包括：

第一，分析自己的长短、优劣；

第二，列出自己最擅长的方面；

第三，列出自己最喜欢的方面；

第四，列出自己最引以为荣的一些个人品质；

第五，列出自己最重要的收入来源；

第六，自己能够承受收入多大范围内的变化；

第七，列出自己希望的生活上的变化；

第八，列出自己一直有心，却还没有去做的事情。

分析一下这些数据，不难从中找到自己的目标以及先后顺序。目标一旦确认，就意味着为我们找到了一条路，由此我们更加趋近目标。

我通过日常的接触发现，人们十有八九并没有找到自己生活的方向。他们每天无所事事，消磨时光，甚至根本意识不到人生有必要存在一个终极的目标。对于自己适合什么，希望什么，他们也全无概念。他们一生都在无谓地耗散自己的精力，没有任何目标，没有任何以汇聚自己力量的焦点。

那么，终极的目标应该是什么样？它应该能激发我们的热情和活力，它是积极、有益于我们人生的，会带给我们长久的幸福、安宁和富裕；而且，它在带给我们这一切的同时，也有益于别人，也帮助别人改善了他们的生活。

为自己找到终生的目标，就我们力所能及的范围而言，无论对我们自己，还是对别人，都是最重要的一件事情。不要浪费时间，现在就开始行动。我们可以以自己、以我们所敬所爱的人以及社会上的其他人为参照，为自己确立更高的标准，实现自己的使命。

在路途中，你或许会对自己的能力产生怀疑。敞开自己的胸怀，抛开这些怀疑吧，你首先应该改变的不是自己的能力，而是自己的思考方式，自己的态度取向。不是让自己的眼睛始终盯着自己的不足，而要多看看自己能够胜任的事情。

你是不是已经开始做一些自己真正想做的事情了？如果你还没有着手去做，还没有为之付出，那么可以说你每天都是在欺骗自己中度过的。它说明，每天你都在为自己找借口，不去过自己希望的生活。事实上，每个人的生命都有限，时间一旦流逝，你就永远无法再度拥有，所以，每一天对我们来说都是独一无二的。既然这样，如果工作不能如意，人际交往不能让我们快乐，住处让我们不能忍受，为什么不立即就去改变这一切呢？如果我们周围的一切都不合我们的愿望，这种时候我们是不可能对生活产生目标感的。我们所应该做的，就是为自己寻找适当的定位，振作精神，集中思想，为我们的目标而努力。

每日箴言

去寻找自己最热爱的事业，然后，全身心地为它去工作吧。

——约翰·霍默·米勒

扬起生命的风帆

生命所能给予我们的最大奖赏，人生所能实现的最大光荣，就是我们在这个世界上能有所追求，可以让自己为之付出努力，同时也给自己带来欢乐；至于所追求的目标是大是小，是编一个篮子，是造一座桥梁，或者是雕刻、作曲，这其实无关紧要。

——佚名

倘若我们问问自己，未来应该是什么样子，我们也许会觉得茫然。展现在我们眼前的道路也许远比从前要多，可是，我们仍然不能确定自己该往何处去。现在是到了该有个答案的时候了。

我们不妨问自己几个问题，它也许会给我们启发。首先，我们可以列举 5 到 10 项自己最喜欢从事的活动，这里可能包括阅读、游泳、烹调、赛车等，凡是你的兴趣都可以列入。看看自己列的这张表，看看其中一项项让你激动的项目。其次，考虑一下，怎样才能把它和我们未来的生活结合在一起呢？

再考虑一下你对自己现在从事的工作的态度。它哪些方面让你喜欢呢？都列出来，把它和前面的那张表放在一起，然后，想象一下，在未来的一年、三年或五年里，你希望自己到哪里发展？你愿意在哪些方面接受挑战？希望得到哪些回报？自己想要过的究竟是一种怎样的生活？

不用担心你掌握的资源不够，其实你已经拥有了很多资源。你现在需要思考的，是如何运用这些手边的资源为自己规划一个理想的未来。你可以把自己的构想写成书面文字。要相信，你的能力完全可以为自己的未来勾画一个更有意义的新图景；你需要的是开始生活的新的尝试，让自己接受新的历练，发展出新的态度、技能和资源；要经常记得提醒自己注意学习、注意提高。你现在已经站在未来的新门槛上，要在主观和客观上都做好准备，为自己所信仰的未来而生活。

要意识到自己真正的激情所在。因为，很有可能你现在的看法与从前已经有了变化，各种事情的重要程度也有了变化，你意识到自己更适合某项新的使命。正因为有这样的变化，所以，我们要对自己原先所认定的各种目标的优先顺序不断地进行重新评估，要让自己真正看重的那些价值成为自己力量的源泉。

在每个人的生命中，都会有某种激情，它是我们的驱动力。我们为什么会走上这条旅程？我们未来希望什么？它全会告诉我们答案。所以，人生的要旨就在于发现自己的激情所在，然后将自己全部的力量都投入到它为我们确定的方向。那么，我们怎么才能为自己确定激情的方向呢？这里有一个办法。我们先回顾一下，生活中有哪些事务对自己较为重要：是积攒财富？是因为自己的成就出人头地，为人景仰？是与人和谐相处？是投身自己信奉的事业？或者是享受天伦之乐？在权力、职业、成就、友谊和人品之间，何者对自己最为重要？

为了帮助自己发现生活的意义，我们应该退回自己的内心，倾听那个真正的自我；同时，也要注意从外部吸取有益的东西，

要寻找一个精神上的导引，要去阅读伟大人物的传记，也要注意向周围的人学习。我们应该敞开心灵，注意培养自己的创造性，让自己的主动精神、好奇心和幽默感得到提高；在人际关系上，要广交朋友，待人以诚。最后，要注意培养自己的自尊、自强和自信。要做一个行动着的人，一个勇敢追求成功的人，时刻看清自己的目标。

在我们扬起生活之帆的时候，有一些事项是需要事先多加留意的。首先，在生活中，我们要和善、慷慨，富有同情心，勿以善小而不为，他人有困难，要乐于伸出援手。其次，不要害怕改变。要不断去体验新的工作，确立新的目标，多在内心问问，哪些才对自己真正重要？如果现在的工作岗位并不如意，那么马上更换。要让自己的才华用在刀刃上，使自己的人生旅途多一些收获。第三，在追求成功的同时，不要忽视与人的交往，不要忽视家庭，多花一些心思来改善自己婚姻的质量，多花一些时间来陪伴自己的孩子。要按照自己的价值观来安排自己的生活，要学会处理生活中的矛盾和冲突。第四，如果环境为你提供了新的机会，使你有可能丰富自己的阅历，拓宽自己的经验，变换自己的生活，那么，不要犹豫，要果断地抓住这样的机会。最后，要记住，无论什么事情，要尽可能制订计划，然后按照计划实行，不论是一天、一月，还是一个年度的计划。不要借口自己财力不足，而放弃新生活的尝试。

把握自己的方向，书写自己的梦想。如果你有什么未来的心愿，写下来，记在纸上，确定自己的经济来源，明确自己下一个人生阶段所希望扮演的角色。自己的关怀何在？热情何在？谁最可能使我们获益？谁最能够给我们教诲？我们需要哪些信息资料？还需要发展哪些才能？这些都是我们启程之前需要认真考虑的事情。

每个人都应该问问自己：为什么在这里？未来我们真正的目标又是什么？目标产生于信念，目标就是我们对生活的渴望。我们渴望投入全部的精力，使自己成为自己一直希望成为的那种人。它就是我们的终极愿望，终极的关怀，它会为我们的生活带来意义，会鼓励我们在生活中不断前进。

每日箴言

人生最值得追求的财富莫过于一个目标。

——罗伯特·路易斯·斯蒂文森

一旦你受到某些伟大目标、非凡事业的激励，你的思想就会变得活跃、不受束缚。你的心智就会摆脱狭隘，你的意识就会无限扩张，你会发现自己置身于一个伟大而奇妙的新世界中。从前蛰伏在自己身上的种种才能禀赋，都会苏醒过来，同时，你感到自己更加崇高了，至少比从前所想象的要崇高得多。

——帕檀伽俐

第一章 为目标准确定位

第二章

学习知识，接受教育

教育的真谛

机遇青睐有准备的人。

——路易斯·帕斯特

什么是真正意义上的教育？长期以来一直存在着一种误解。《韦伯斯特大词典》给教育下的定义是："所谓教育行为或教育过程，就是上学学习。"然而，这和教育一词的真实含义相去很远。这个词的词根来自拉丁语，而在拉丁语中，教育意味着一种从内部发展的行为，意味着从某人内心引出，导出一种素养。

入学和求知，两者含义有显著不同。诚然，知识的积累对于人生的成功而言是不可缺少的；然而，除非这种知识真正是从我们内心导出，能够为我们每个人所用，否则它的意义并不大。我们应该把我们内在的禀赋激发出来，而不是让它在我们的灵魂里沉睡，这才是教育的真谛。一个人如果不能学以致用，那么即使他博闻强记，学富五车，那些知识对他也毫无意义。有很多成功人士，他们虽然没有受过多少正规教育，却给人很有教养、学识渊博、聪明过人、饱经沧桑的感觉。比如，就以我而论，或许我无法举出美国宪法的全部修正条款，不能罗列美国历史上历任总统的名字，甚至氧原子的重量我也并不清楚，可是，对我自己选择的那些领域，我了如指掌。我为自己找到了一个宗旨、一项使命，还有许多目标，我用自己的方式教育自己，让自己去赢得成功。我掌握的是我这个领域有用的知识，然后我加以熟练地运用，直到它已经内化为我的生活习惯。这个过程最终使我走向成功。

　　单单依靠现有的教育体制，并不能教会人们如何去过一种幸福成功的生活。人们希望了解的，什么是爱，应该与人发展怎样的人际交往，如何发现终身的目标，这些都不是学校能带给我们的。

　　至于其他一些对我们日常生活有重大影响的方面，比如健康、礼仪、个人理财、持家、夫妻关系、与人共事等方面，学校虽然能传授不少东西，但作用非常有限。事实上，如果人们不会妥善、积极地处理日常的事务，那么，教他任何知识都是没有意义的。所以，首先必须学会的是一些基本的生活技能，只有养成了这些基本的生活技能，我们才可能在这个基础上更好地发展其他职业技能。

　　对于我们来说，只有两条路可以选择：或者自己努力学习掌握这些职能，对自己负责；或者每天打发日子，让自己满足于一种简单的存在，直到生命结束的那一刻。我们无法指望别人替我们选择，社会把这份答卷摆在了我们面前，所有的人都无法绕开。许多人推崇理性、逻辑的思考，强调解决问题的能力，对自由思想不以为然。这正是正规教育的问题所在，它所看重的，仅仅是知识的学习，对于培养学生的创造性、直觉和情感，并不十分重视。

　　许多求学的人，对于新知识总是充满疑问和恐惧，这种心理正是我们需要克服的。新知识、新思维，并不是洪水猛兽，我们应该抱开放的态度，要相信自己的潜能。

　　我们应当避免匆匆忙忙给自己安排什么教育培训项目，在决定之前，应当先对自己的情况有清楚的了解，自己通常如何学

第二章　学习知识，接受教育

习、处理各种信息？人与人情况不同，有的人对听觉较为敏感，有的人则更倾向于接受视觉效果，对图像、外形和光线比较敏感，有的长于定量研究，有的以感觉见长。这些个人差异随时间的累积而成为习惯，最终发展成为每个人所特有的思考、体验和信息处理的方式。

正规教育所传授的是基础的知识，比如语法、逻辑、数学、天文、科学等，都是一些最基本的知识领域，这些都是由学校传授的。社会希望的是把那些必须代代相传的基本知识，全部填进年轻人的大脑。

然而，无论怎么说，正规教育充其量也只是提供一些资料信息。没有哪所学校会教育学生去发展情感、性格和感受力。这时候，如果家庭、社区也放弃这方面的努力，那么，未来领导人的人才储备就会迅速减少，生活的质量将大幅度下降。

社会期望于正规教育的是，培养出开明、有见识的公民，然而，正规教育有时却会忘记了它的这个职责，把重点只放在书本的学习、放在抽象知识的掌握上。学校成为为大型企业输送人才的传送带，按照它的要求来塑造自己。可以说，单依靠现在的学校教育，是无法培养出现代社会所需要的成功技能的。

箴言

人都会遇到忠告，唯有智者能从中获益。

——帕布里乌斯·苏拉斯

每个人最大的投资就是他自身。一个人越有内涵，越有经历，交友越广泛，阅读越深入，游历越丰富，他为自己做的投资就越大。他为自己的心灵、自己的生活每付出一分努力，都意味着他在增加一分投资——这笔投资是除他自己之外任何人都不能动用的。

——乔治·马修·亚当斯

通往最高级知识的康庄大道

今天读书多，将来人上人。

——弗塞尔曼

现在，正规教育并不意味着一份好工作，对它的最大威胁是技术的发展。在我们这个年代，由于大公司裁员，越来越多的雇员受到了失业威胁。许多高学历人才，他们的工作逐渐由计算机替代。计算机硬件和软件的发展，使得很多领域人力的需求逐步减少，无论是医药、保险、会计，还是科学研究、法律事务上，莫不如此。当然，由此断言技术工人即将被完全淘汰还为时过早，不过，如果说这个时代需要新型的知识，才有可能使个人获得事业的成功，这并不为过。

未来的劳动力市场将会越来越看重经验，而不是学历。读者可以判断一下，现在的学校教育，培养的学生能够有多少的实践经验呢？

技术的发展已经使得原先的组织机构中一整块一整块的工作都可以由机器代替，这在另一方面使得传统的学校教育尤其显得过时。现在的知识不再意味着靠死记硬背掌握一些抽象的材料，现在，知识意味着必须了解世界在如何运转。

正是由于外在世界发生的变化，原先由学校传授的许多知识已经显得过时。在未来的 21 世纪，人们如果要获得成功，就必须发展那些经验性知识，必须能够适应环境的快速变化。通过自我的完善而获得的关于自我的知识，可以说是未来时代通往成功和幸福的一把钥匙。事实上，每个人身上都蕴藏着无比的潜能，需要被激发出来。而另一方面，科学技术的发展虽然创造了无数奇迹，每天都在改进着我们的生活，然而，我们仍然能看到，有很多人，他们并没有因此就过得更加快乐。

自我完善才是通往最高级知识的康庄大道，它所获得的知识，是和你自身、和你的潜能有关的知识。这才是我们的教育体制应该着重强调的内容，现有的教育体制需要一场革命性的变革，它的内容应该扩展，使得人人都能在技术、经济、社会和个人技能方面终生得到培养。

每日箴言

如果有人把受教育看作掌握一些事实、数据和资料，那么，我们可以认为这些人并没有受到真正的教育。真正受了教育、智性受到开启的人，他懂得如何明智地决断，而且，他是一个有目的感和方向感、有自己的价值尺度的人。

——佚名

若有人需要我给他什么忠告的话，我会告诉他："要无友不如己者。要向作品、向生活学习，那才是最健康的社会；要把你的崇拜献给真正值得你崇拜的事物，人生的最大快乐就在于此。要留意看看那些伟人，看看他们崇拜的是什么。"

——威廉·萨克雷

一种全新的教育

世界上最好的教育源于为了生活而进行的斗争。

——文德尔·菲利普斯

真正的教育应该在各种情境中进行，社区、家庭、媒体概不例外。人类时时面临瞬息万变的局势，还有种种难以预期的风险，为此，他们需要受到各种技能的培训；而真正的教育所要做的就是要让人们理解，无论在一个人的身心当中，还是在社会舞台上，行为和后果之间存在的种种联系。

传统教育留给人们印象最深的就是它的分数制，然而，一个高分除了可以给老师一种印象，让他觉得你已经掌握了所学的知识以外，还有什么意义呢？他并不能告诉我们怎样面对危机和风险，也无法告诉我们这些知识实际效果如何，甚至都不能给我们一种反馈，以便我们判断这些知识的正确与否。

像历史学、地质学和生物学这样的学科，如果学生能够意识到它们的实际意义，那么可以说这些学科的学习，其重要性是怎么夸大也不过分的。因为这些学科能够教给我们的是，生命在宇宙间相互依存的关系，而这正是我们最需要了解的一种知识：我们需要理解，任何行为都有它的因果，同时我们也需要学会控制、支配这些行为产生的后果。

学校教育给人总体的印象是，它所传授的技能和人的生存并没有太大的关系，在这里，各个学科有时让人感到它们好像是一种独立的存在。而事实上，我们更需要的是一种能够帮助我们发展各种潜能、培养创造性、提供充分的生长空间的教育方式。

我们不妨问问自己：我们在一生中所学到的最重要的知识是什么？我们又是从哪里，以什么方式学到的？是在学校课堂里吗？答案多半是否定的，最可能的结果是，我们是在经验中学到了对我们最为重要的知识。

真正的教育，应该是以自发自愿、不受约束的方式进行的，人们把它作为一种享受，是对心灵创造力的培养。如果我们的想象力、我们的孩子气因为教育而受到扼杀，这种教育是失败的。

这里需要的是一种创新精神。我们不应该拒绝变革，相反，应该欢迎变革的到来。我们应该学学商场上的生意人，他们经常遇到产品、理念、服务已经过时，被市场淘汰的情景，他们往往能处变不惊，因势利导。抗拒变革，这犹如抵抗风车一样可笑，不可能成功，这并不是我们要做的；我们要做的，只是尽早预见它的走势。我们所期望的教育，不应该再是一个单纯的教与学的过程，而是性格的培养，是帮助个人实现自我完善。

我们需要让自己在心理上变得坚强有力，我们需要一种能够集中精力解决当前问题的能力，我们应当让自己全然新异，在新的人生哲学指导下生活。此外，我们还需要培养一种大胆创新的精神，需要发展自己的创造能力——这意味着让自己适应性更强，更具有弹性。

由此可以把我们带向对教育的根本目标的讨论，而本书要向读者讲授的，正是如何去实现这种新型的教育，如何使自己的余生过得更有价值。

每日箴言

热爱知识的人，是知识的主人。已知的知识，需要练习加以提高；对于尚未知晓的，则要变未知为已知，此处的道理在于，倘若听到一句有教益的格言而我们却失之交臂，这实在是一件怪异的事，它的效果类似于有朋友答应赠予你礼物而你却不收。要记住，知识胜于财富；财富只得一时，而知识却会永驻。

——苏格拉底

未来时代的教育

不思进取与其说是年龄造成的，不如说是不准确的想法导致的，因为无论在年轻人还是老年人中间，我们都会看到心智失去活力、对新事物抗拒排斥的例子。一个人如果要不断进步，他必须在精神上保持高度警惕，不断地追求自我完善。

——阿尔伯特·约翰逊

未来的这种更高形式的教育，它的作用在于实现个人的自我完善。

自我完善所要做的，就是去实现、丰富、发展个人的全部潜能，帮助个人达到他的最高境界。

就这方面而论，正规教育虽然有助于我们掌握许多知识，却并不能推动个人向自我完善的方向发展。事实上，除了课本的知识之外，发现真正的自我，结婚成家、繁衍后代，与人沟通、建立往来，发挥个人开创性思维经营企业，这些都是教育应该包含的内容。

卡尔博士曾经用"修养"这个词来形容通过学习而成为一个

第二章　学习知识，接受教育

人的过程，这里的人，既指普遍意义上的人，也指作为个体的人。他反省了自己所受的学校教育，结论是这种教育并没有教导他如何去成为一个真正的人。他问道："回想起来，那些三角几何课上，是不是给过我什么指导，告诉我如何成为一个更完善的人呢？"答案是："天呐，它什么都没说。"一定程度上甚至可以说，他所受的一部分职业训练几乎就是在浪费时间，这点和大多数人的情况如出一辙。

这里我想引用一段阿基博德·麦克雷什的话作为注脚，他说："错误的并非那些伟大的科学发现，因为无论如何，有知总是胜过无知，姑且不论这种知识是什么。错误的是这些知识背后的信念，是人们对知识改造世界的能力所怀的信心。单有知识却没有注入人类的理解和同情，这就类似于单有答案却没有问题，它实际毫无意义。"

通过学习了解自我，这应该是教育的重要组成部分，如果缺少了这一块，可以说并不能称其为教育。真正的教育应该教会人们如何生长，如何把握自己人生的真谛，如何提高自己的是非感和辨别力。

现有的考试制度，反映了无论教师还是教育管理者，都热衷于把他们认为社会所必需的各种知识传输给下一代。他们当中，很多人自己就缺乏创造力，对自己所传授的内容深信不疑，从来不去推敲为什么要传授这些。这些教育工作者，他们关注的只是效率，所要求的只是如何在尽可能少的时间和花费里，尽可能多地把知识塞到大部分学生的脑袋里。

当然，也有一些教育工作者按照卡尔"自我实现"的方针指导他们的教学，但为数很少。多数的老师都是在义务学校接受教育，这种学校体制本身就缺乏竞争性，缺乏责任意识。然后他们要进入高等学府学习，为自己争取一个教师资格合格证书，再返回原来的学校体制任教。事实上，他们与这个社会是隔绝的，他们没有接触过经济学，没有接触过商业实务、自由企业制度，或者是那些不断在与风险搏斗的人；他们实际上成了体制的成员，创造力、自我完善，这些与他们的教学工作是无缘的。

课堂教学常常过于把焦点集中于如何使老师满意上。一次次的课堂经历，让孩子们懂得的只是死记硬背会有奖赏，思想离经叛道、不拘一格就会受到惩罚。由此，学生学会的只是如何循规蹈矩，按部就班，而不是真正地去思考。

在大学里，学生花费一定的时间为自己赢得学分和学位。编织课和经济学课，同样是 5 个学分，两者同等重要，事实上，两门课程内在价值的不同就这样被学分掩盖了过去。

而作者在本书中所介绍的这种强调自我完善的教育，它不会有学分、学位，也不会有什么必修的课程。每个人可以自由选择自己想学的内容，大家主要的目的只有一个，那就是发现自我，找到自己的命运和归宿，使自己在感情上日益成熟。这种教育就是为了让人们知道自己真正需要什么，知道如何表达自己的真正需要。

发现自己希望从事的职业，这也是我们学习发现自我的一个组成部分。一旦我们找到自己的职业，那种感觉无可言喻。突然你意识到，自己一天的时间并不多，需要把那些没有意义的工作剔除掉，以便给新的自己热爱的职业腾出时间。事实上，一个工作上不能感到乐趣的人，他失掉的是自我实现的一个主要途径。

凡是自我实现的人，都有一项自己深信不疑、可以完全投入

的事业，他们在生活中有种普通人不具有的使命感。一旦你踏上自我实现的旅程，你就会获得前所未有的健康和力量，就会无论在个人精神上，还是社会关系上，都达到宁静平和的境界。

🔲🔲箴言✍

对知识的投资，给你的回报是最丰厚的。

——佚名

成年时期出现的问题，多半可以视为是由于人们身在某种境遇中，却缺乏相应的应对这种境遇的知识、技能和其他一些手段而造成的。为此，成年人需要懂得，无论是失业、丧偶，还是疾病，这些都是一些常见现象，他们完全可以通过努力学习摆脱这些烦扰。活到老，学到老，学习可以帮助我们找到新的职业生涯、新的家庭生活和全新的身体健康状况。

——《变化中的美国》

永远不要停止学习

教育并不是要往桶里倒水，而是往火上加柴。

——威廉·巴特勒·叶芝

正规教育体制所强调的那种外部导向的教育，给很多人的青少年时代留下了不愉快的记忆，由于这个缘故，一旦最终离开了学校，他们就放弃了学习。过去的日子在他们看来是一场噩梦，一切都在老师的支配之下进行，只有毕业的那一天才是他们自由生活的开始。因为他们不愿接受进一步的教育，实际上，以后塑造他们思想的，主要是环境、媒体、他们的同伴，以及所谓的专家。

正规教育的终点应该是自我教育的开始，后者的目的不再是高分，或者确保就业，而是培养对周围事物的理解力。

只要我们始终坚持学习了解自身、了解周围世界，可以说未来的钥匙就掌握在我们自己手里。这种学习可以使我们保持敏感和活力，可以处处先发制人，而不是后发制于人，还可以为我们的生活带来一些积极的变化，提高我们的自我意识。

教育实际包括了很多层面的内容：知识、信息、技能、价值，还有领导能力。每个人可以有自己的着重点，而我看重的，正是前文提到的一些内在的技能，这包括对自我和他人的了解，发现自己的禀赋和渴望，以及意识到自己真正的潜能。选择这些方面的学习，事实上意味着选择了一种生活方式，我们自己主动为我们的生活寻找变化，那些未知的领域不再让我们感到害怕，相反，我们怀着浓厚的兴趣去探索它的奥秘。

一旦我们踏上征程，开始关注、了解我们周围的世界，我们很快就会得到回报。在这里，学习就意味着发现、唤醒、思考，学习的过程就是不断为我们带来自信、果断、欢乐和兴奋的过程。

这种学习的一个重要内容是，摒除我们思想中的旧观点、旧习惯，为新思想的产生创造条件。这时候，你需要放弃自己以往的思考方式，用新的取而代之。要做到这一点，你不妨问问自己："是什么在阻碍我实现自己的目标、梦想？我是否在抗拒变化？我在抗拒什么变化？怎样才能克服这些阻碍？"

其他与我们有近似目标的人，我们要注意听取他们的经验和

教训，尤其是那些已经到达目标的人，我们可以请教他们，他们是如何改头换面、除旧迎新的？还有，不要忘了我们的朋友和伴侣，听听他们的意见，看看他们认为我们身上还有什么需要克服。

接下来，你需要几位能够引导你上路的人。看看周围有没有那些和你在追求相同目标，而且已经达到目标的人，多向他们征求意见。如果身边就有那最好，多向他们学习；如果身边没有，就多留意，功夫不负有心人，你一定能找到的。找到以后，你可以有各种向他们求教的途径，这主要取决于你要学习的内容，可以当面交流，可以在电话里切磋，可以阅读他们的著作，看他们的传记，出席他们参加的讨论会，听他们的广播录音，或者也可以通过因特网。总之，方式可以千变万化。你要相信这样的人一定是存在的，你需要做的就是找到他们。

不要被那些名不副实、徒有其表的专家蒙蔽，你要找的是那些真正有一技之长、在自己的领域有着丰富的实践知识和实践经验的人。因为你并非要去学什么皮毛的知识，而是要成为这个领域真正的行家。

还有一点非常重要，要注意为自己选择一个良好的学习氛围。研讨会、兴趣小组，或者是旅行中，或者书店，还有图书馆，这都是很好的选择，在这些地方，你会源源不断地有新思想涌出。你需要的就是时刻注意学习，不要轻易放过自己的任何经历。每一次经历都会带给你收获的。

至于传统意义上的知识和信息的学习，你必须先问自己，要达到自己的目标，还需要哪些知识？答案出来以后，对于那些会有助于你实现目标的知识，不要忽略，仍然要投入时间、精力学习；而其他你认定对你并无多少帮助的知识渠道，比如我们每天都深受其害的大众媒体，要尽可能保持距离。这时候，你每天需要抽出一定时间，全身心地放在学习上，不要让任何事情来打扰，因为这样学习的效率才会提高，你可以更快地学到你所需要的知识。

就我个人而言，我喜欢通过阅读来获得知识和信息。我读书并不挑剔，只要和我研究范围相关的，我都来者不拒。我一般每天阅读 4 个小时；你可能无法挤出这么多时间，这没有关系，时间短一些不要紧，重要的是每天坚持。

现在回想起来，自己从前在学校的时候之所以不喜欢学习，主要是因为我所学的课程都是他人强加给我，而不是我自己选择的。而现在，情况有了改善，正是因为我每天所学的都是自己真正感兴趣的东西。书籍、报纸、杂志，还有一些因特网上的在线节目，都是很好的知识来源，各有自己的特点，每个人都应该学会利用，从而更好地获得自己需要的知识。话说回来，虽然我最喜欢的是阅读，但也还有其他的信息渠道。各种视听媒介、研讨会、学习兴趣小组、计算机在线服务，都给我们带来很多便利，甚至旅行也是一个好方法。当然，如果条件允许，最好的当然是直接向那些经验更丰富的人求教。

在我们迈步向前之前，我们先要退回自己的内心深处，看看自己还有哪些需要提高、改善的方面。我们是否太过于谨小慎微，缺乏勇气和胆量了？我们是否太缺乏对未来的勾画和对自己的信心了？我们是否注意力太分散，以至于妨碍了我们实现自己的目标？我们是否有意在回避需要解决的问题？每个人都会遭遇各种各样的问题，不要找借口把它留给明天，现在就着手去解

决它。

我们要学习的，包括各种技术的、人的和社会的技能，其中，与人本身相关的那些技能，是我们学习、掌握其他技能的基础。此外，社会的技能也很重要，我们和家庭、朋友、同事以及其他人的关系处理得如何，将直接决定我们是否幸福和成功。

至于技术方面的技能，则多数和从事的职业有关。如果我们希望在自己的领域出人头地，那么，掌握这些技能非常重要。我们需要先了解，对于专业领域上的成功，有哪些技能需要掌握，永远不要间断对自己的培训、教育，要和这些领域的成功者多接触、交流，向他们学习。

有时候，要获得事业的成功还需要你能够扮演领导者的角色。这时，你需要有明确的价值观念、品行端正、为人表率，而且，要时时注意关心他人。从而，你对你的下属也会发挥一种积极健康的影响力。一个人一旦开始领导自己，同时也就开始领导别人了。

以后，你可能还会发现，有些项目、活动你觉得非常有意义，那么不要迟疑，去推动它的实施，因为这也是你实现自我教育的一个有效手段。遇到了和你志同道合的人了吗？那么就主动去创立一个小组，或者协会吧；如果有自己看中的什么协会，就加入进去为它服务；或者，觉得有必要开办什么教育课程，就出来担当责任。最后还有一点很重要，多交往新的朋友。

很多人有一种不好的倾向，他们太专注于自己的专业领域，对于周围其他活动一概不感兴趣。虽然，要在一个领域有所成就是需要花费大量时间的，但是因此我们就把自己同环境隔绝起来，把一切外部的刺激都视为多余的干扰，这种做法实际上非常短视，并不足取。

我们应该追求全面、综合的发展。事实上，多种多样的经历可以帮助我们提高生活的辨别能力，明智的做法是在各种经历之间保持一种平衡，而不是顾此失彼。因此，对于自己感兴趣的业余爱好，不要轻易丢弃。我自己就是这样，如果遇到自己感兴趣的事情，我会不惜时间地泡在上面，直到它最终也成为我的一项事业，成为我生命中的一部分。

总之，最重要的一点是不要放弃学习。不要回避那些基本的问题，要尽力去寻找答案；要学会在暂时还不能找到答案的时候，如何去生活。让自己面向未来、面向无限的可能性去生活，让自己成为热爱学习的人，你会发现你的生活从此有了彻底的改观。

最后，需要记住的是，正规教育的目的是让你记住各种事实、数据，而本书的目的，是让你过一种快乐、成功、明智的生活。

🔲🔲箴言📖

真正受过教育的人，是那些已经学会如何学习、如何改变自己的人。

——卡尔·罗杰斯

自我的教育，我确信，应该是唯一的一种教育方式。

——伊萨克·阿西莫夫

如果你希望你的工作能够回赠你一份满足感，如果你希望一生充满意义、多姿多彩，做出非凡的贡献，那么有一点非常重要：你应该让自己不断地成长，不能停步。教育就是一个持续不

断的过程，并不因我们从学校毕业而结束，可以说它贯穿于我们生命的始终。一生中追求一种平衡的发展，是每个人的一项重要任务。

——亨利·马切尔

准确把握自己的才能禀赋

世界上有两种权力：刀剑和大脑。从长远来看，刀剑永远会被大脑所打败。

——拿破仑·希尔

如果我们希望在选择自己未来职业的时刻慎重一些，最好能够有某种科学的方法帮助我们测定，那么我们不妨做一个倾向测试。就我个人而论，我更愿意相信我的情感、直觉，相信自己内心的声音，不过，倾向测试仍然有它的价值，可以作为我们了解自身的开始。这里的所谓倾向，就是我们在某些方面的特殊禀赋，有些人具有艺术家倾向，有些人具有数学家倾向，另有一些人则在推理能力方面有专长。

无疑，如果我们从事的工作也和我们天然的倾向吻合，那么工作更容易带给我们享受。所以，倾向测试可以帮助我们更好地了解自己的特长。

倾向测试所要测定的能力，可以分为很多种类，下面列举其中的几项：

1. 思考方式

包括两项测试：一是归纳推理能力，这里测试的是从具体到普遍、从个别到理论的思维能力；二是分析推理能力，它测试的是按照逻辑顺序给概念归类、组织的能力。

2. 数字测试

内容分两项：一是测试使用数字信息解决问题的能力；二是测试数学运算能力。

3. 空间感

测试三维空间想象的能力。

4. 听觉

包括三项：一是测试对语音的记忆能力；二是测试辨别音调的能力；三是节奏的记忆能力。

5. 记忆

包括四项内容：一是图像记忆能力；二是单词记忆能力；三是数字记忆能力；四是对细节、微小变化和不规则性的敏感程度。

6. 动作

包括两项：一是测试手指的灵活程度；二是使用小型器械的

第二章 学习知识，接受教育

能力。

此外，测试的项目还包括词汇、个性和知识方面的测试。

每日箴言

一般说来，正确的是，我们读书是为了获得权力。那些读书的人应当是充满生机活力的人。书中的知识应当是他们力量的源泉。

——伊斯拉·庞德

第三章

养成美好生活的品质

生活在自己的信仰里

　　勇于创造的人是幸福的；那些只消耗、不创造的人，是了无生机的人。

　　　　　　　　　　　　　　　　——威廉·拉尔夫·英格

　　当你阅读了本书之后，尤其当你按照书中的内容去实践之后，你对物质财富自然会养成一种轻视的态度，处理人际关系也会更加得心应手。外在的功名不再是你判断自己的尺度，你会越来越多地根据自己待人接物的态度，根据自己在待人接物中所表现出来的伦理价值规范，来为自己做评判。至于自己是否掌握了对他人生杀予夺的大权，你会认为这无关紧要；对于那些仍然乐于此道的人，你也会羞于再与之为伍。现在，你完全生活在自己的价值观，生活在自己的信仰里，而不是生活在他人的影响下；你完全不再去费心思考，如何向他人证明自己的价值和信仰。

　　同时，你处理人际关系也越来越有成就。你养成了自立自主的习惯，不再依赖他人；你意识到，自己必须对自己的生活环境负责，不能怨天尤人；生活中的挫折，也需要借助自己的力量应付，而不是动辄指望他人援手。

　　一方面是精神上的自立自强，另一方面，你还会意识到增进身体健康的必要。于是，你会开始加强体育锻炼，注意饮食，从此，你的健康状况会日复一日地改善，你的状态越来越好，工作中也表现出充沛的精力。你再也不会是那种刻板教条的人，而会灵活机动，调整自己的生活模式。自然，你的道路上也会出现各种意料不到的挫折障碍，但你丝毫不为所动，内心根本不受打扰。在生活中，你看不到任何紧张、恐惧的存在。

你不再会介入那些无谓的竞争，这种竞争的目的无非是比比谁生意做得更好，钱赚得更多；现在，你在工作中更看重的是协调和合作。和人争强斗胜，这并不是你生活的最终目的，如果它要以牺牲他人的正当权益作代价，就更不是你所愿意看到的事情了。他的目的，是要为所有相关的人都带来有益的结果。

以上谈到的这些方面，在每一位读者身上都可能发生。读者唯一需要做的，就是去信仰，倾听自己的心愿，最终你可以把它们全部实现。

决定未来的是我们今天的精神状况，我们今天的思想，就是明天行动的预备。所以，改变自己的想法，也就意味着开始改变自己的生活。

我们完全可以改变现有的生活状况。我们所需要的只是倾听自己，按照自己真实的意愿去工作。一旦我们的想法开始改变，我们的生活也会随之改变。

按照你自己的理解去把握幸福吧。

只有激情才能带来活力。

成功者的人生必定不乏激情。他们正是因为厌倦了每天的例行公事，才去追求更符合理想的生活，而要跨过从思想到行动之间的藩篱，没有激情是办不到的。激情只能从人们内心产生，只有在激情的驱使下，人们才可能丝毫不受干扰地走向他们所希望的人生，而一切阻碍都不能阻挡他们，即使遭遇到暂时的挫折，他们依然毫不气馁，无所畏惧。

激情可以使人们始终眼望着未来，为人们提供前进的动力。因为它的存在，我们才有了活力；因为它的存在，我们的血才继

续沸腾。它使我们不会被暂时的困难吓倒，而把全部的精力都用来寻找克服困难的方案。

　　思想既是我们创造梦想，也是我们实现梦想的力量所在。它的威力无边无际，不可阻挡。无论你眼中的成功意味着什么，思想都是你达到目标的最有效工具。

每日箴言

　　通往幸福的道路有两个基本法则：首先，找到自己的真正兴趣和能力所在；其次，找到了之后，把你整个的灵魂、每一分力量、全部的抱负和才能，都投入到它里面。

——约翰·洛克

学习成功者的人生智慧

　　幸福并不是我们旅行的终点站，而是旅行的过程。

——玛格丽特·李·兰贝克

　　人们如果希望在某个领域、某项事业上获得成功，就必须投入精力和时间，从而使自己在这些方面的技能得到进一步的发展。除此以外，要获得成功是没有可能的。有许多天性懒惰的人，他们不愿意有任何付出，只想坐享其成。他们爱怎么想这是他们的事，但成功绝不会在他们一觉醒来时出现在他们的床前。成功必须通过不断学习、不断提高，才可能达到。

　　倾听他人的意见，观察他人的言行，从他人成功或者失败的教训中学习，这些都是通往成功的捷径。不要漠视自己的好奇心，对周围世界发生的一切经常保持关注，多和有智慧的人交往，能够做到这些，你在成功的路上可以事半功倍。

多阅读，不必给自己规定范围，有什么就读什么。和自己所从事领域相关的自我提高、理财宝典、哲学著作，凡是一切可以让你更趋完善，把你推向成功的作品，都应该在阅读的范围之内。这也包括我们此前推出的《生活的箴言：如何过一种幸福成功的生活》，该书汇集了世界上最杰出的政治领袖、商界精英和哲学大师的人生智慧。

最重要的还是从自己的经历中学习。要有意识地对自己所经历的事件进行总结，即便那些结果是负面的经历，它也往往能让我们从中吸取有益的教训，至少，它可以避免让你再次犯同样的错误。

每日箴言

生活是一个需要解开的谜题，
生活是一场必须直面的斗争，
生活是一幅让人赞叹的美景，
生活是一个等你把握的机遇，
生活充满苦涩，但我们无须逃避，
生活是一首需要大声唱出来的歌曲，
生活是一个需要努力拼搏的目标，
生活是一个人必须承担履行的使命。

——佚名

第三章 养成美好生活的品质

体验人生最幸福的时刻

愉悦并不是目标，它是一种感觉，是在我们做出某种重要行为时候的感觉。

——保罗·古德曼

高峰经历是许多著名心理学家和哲学家研究的课题。一场不能达到高峰经历的人生，可以说不过是一页白纸。

迄今为止，学者已经对这一现象做了广泛的研究，提出了各种各样的表述，最著名的是卡尔博士，他将之称为"高峰体验"。芝加哥大学前心理学系主任米哈里·切克金米哈里教授有两本专著专门讨论这一问题，他创造出了"流动"一词来称呼这种经历。威廉博士将它称为"神奇的瞬间"，法国存在主义者称之为"溶入"，还有一些人则称它为"超越"。

不管这些术语如何千差万别，它们都同意一点，高峰经历对于完整的人生而言具有不可替代的意义。可以说，它是衡量一个人是否具有享受生活能力的真正标尺。接下来的几章内容，都是有关这个话题的。我将为读者介绍这一概念，告诉读者如何实现这种经历，同时改变、提高自己的生活质量。

高峰经历可以说是人生极致的体验，是一个人一生所能有的最幸福的时刻。在那一刻，我们内心洋溢的是一种实现自我的狂喜，是一种无与伦比的真实、愉悦和完美；在那一刻，我们感受到的不只是激情，还有启示，那一刻我们感到既了解了自己，也洞察了世界。

高峰经历可以为我们揭示日常生活中隐没不见的真理和意

义。我们完全沉浸在自己当下的体验中，似乎时间也远离我们而去，我们的心思、我们的情感在一瞬间全部集中到了一点上。过去种种经历留在我们心底的不愉快的记忆，还有萦绕在我们心底的焦虑，也都在这种经历中被冲洗得干干净净，我们不再为过去而抱憾、负疚，也不再为未来而疑惑、恐惧。

高峰经历在那短短的一段时间里，让我们感觉不到任何恐惧和戒律。我们不再生活在他人的支配下，而获得了全新的自由；我们愿意全身心地投入我们的工作，别人的好恶对我们已然是一件可有可无的事情。我们不再感到羞涩、不再局促、不再对事物抱评头品足的心理。恐惧走了，焦虑消失了，我们也更加感到自己的信心；一切外在的禁锢都无影无踪，是否被人认可，是否受周围的欢迎，这都不再是我们考虑的事情。

我们的创造力突然迸发，心灵意识到原来我们有如此多的可能性。这时候，占据我们内心的，都是神秘未知的事物，我们不再左顾右盼，逡巡不定。对自己、对他人，我们也一改从前挑剔苛刻的眼光，开始对自己的能力、禀赋抱有信心。现在，对于手边正在从事的工作，你觉得自己已经完全沉浸在其中；对它，你不再是一种品评的态度，而是在欣赏、在感受它的乐趣；你不再是因为结果如何，而是因为它本身吸引了你。

高峰经历还有一个好处是可以帮助我们克服很多情感上的障碍。在经历的时候，我们失去了自我意识，也失去了时间感；我们不再感到与社会的疏离，而是与所置身的文化融为了一体。过去发生的一切，不再是种种让人自责、痛苦的记忆，而成为一段不断吸收、不断成长的经历。我们感到自己完全是自我主宰的，不再为他人左右。

外部环境的配合并不足以使我们达到高峰经历，这种经历，只属于那些能够自我主宰、能够对细节有敏锐感受力的人。

每日箴言

看一看我们所知道的那些伟人，我们会发现，他们是以一种忘我的热情投入工作的，让人情不自禁地受他们的感染。结果，不只是他们自己感到，我们也因他们而感到振奋。

——佚名

外在的事物并不能带来宁静平和，只有我们的内心才能做到这一点。当它在我们内心牢牢扎根的时候，无论我们身处怎样的痛苦煎熬中，它都不会离我们而去。生命的平和并不意味着我们可以逃避一切苦难，而只是当苦难来临的时候，它会默默地将它承受下来。

——弗朗西斯·费内隆

让自己的潜能发挥到极致

工作带来愉悦，生活就会充满欢乐；如果工作是一项义务，生活就无异于牢笼。

——马克希姆·高尔基

米哈里·切克金米哈里博士在他的著作中，曾经描述了高峰经历的一些共同特征。他说："人们日常置身在一个重视结果甚于表现，各种规章约束层出不穷的行动体系中，他的表现好坏，体系早已规定了明确的评判标准，在高峰经历中，人们感到他们的能力足以应付工作带给他们的一切挑战。"这时人们全神贯注，心无旁骛，一切不相关的事情都不在他的考虑之内。自我意识消失了，时间感也忽然变得不真实了。

人们在其中能够感受到高峰经历的那些活动，带给人们一种异乎寻常的满足和喜悦，人们心甘情愿地投入其中，为它尽力，至于它的风险如何，难易程度，这都可以抛开不顾了。

一般而言，高峰经历都来自那些事先做好安排的活动。这一类的活动通常有一定的规则，整个活动的布置、安排，都是便于高峰经历的产生。凡是需要我们全身心投入的活动，几乎都能够带给我们高峰经历，比如园艺、阅读、研究，甚至艺术欣赏，都有这样的功效。而随着投入程度越来越高，最后，我们的心灵处于一种最紧张的状态中。体育比赛、性经历、分娩、滑翔这类活动，都会让我们体验到这种最紧张、最激烈的高峰经历。

我自己就曾经有过这样的经历，有的时候是由于身体的运动，有的时候则是因为智力活动。从前我在做投资研究，还有在全球证券市场操作的时候，都让我感到难以抑制的兴奋；同样，自行车运动也能给我这种感觉。此外，阅读书籍、滑雪运动，甚至网上冲浪，都能带给人们高峰经历。

研究人士认为，最容易产生高峰经历的两类活动：一是性生活，一是听音乐。前者是积极主动的，后者是消极被动的，但大多数高峰经历都是主动的。至于这种经历能够到什么程度，这取决于人们把握的能力。

享受高峰经历的一个前提条件是，人们必须能够支配自己的意识，这样高峰经历才有可能发生。有些人天生就能在各种场景下享受自我，但另一些人需要后天有意识地培养这种能力。对于

那些始终难以全身心投入的人来说，他们确实需要改变一下自己，以便使自己也能够拥有这样的经历。

不能感受到高峰经历的人，最主要的障碍是他们过于强烈的自我意识。一个关注他人看法的人，必定难于实现这种高峰经历，因为他们会把太多的注意力用在自己身上，而没有把它放在工作上。

而能够享受高峰经历的人，都是对细节极为敏感，知道如何去发现各种潜在的机会的人，他们在做事的时候，知道循序渐进，自己控制进度，并在过程中不断提高目标难度。所以，对于那些渴望拥有高峰经历的人，他们一方面要学会更加专注、投入，另一方面也要变更具有弹性，更加灵活，而这一切都是可以通过训练、通过练习得到的。当然，在各种学习、训练中，首要的还是体质的锻炼。

身体是我们生命最重要的一个组成部分，没有了强健的体魄，整天疾病缠身，那么我们空有一身才华，空有满腹思想，也无从施展。然而，很多人恰恰忽视了这一点，丝毫不爱惜自己的身体。事实上，没有了健康，我们不会感受到很多乐趣，也会与很多高峰经历无缘。大家应该行动起来，多注意锻炼。

身体能带给我们很多难以想象的欢乐，其中很多甚至不需要你再接受什么专门的训练。想象一下，性生活可以不再单调重复，可以形式更为丰富多变；我们可以去学习舞蹈，让自己去体验一种仿佛置身于另一个世界的感觉。不要轻视自己的身体，好好地利用，它带给你的欢乐是无穷无尽的。

身体运动上的高峰经历并不是只有职业运动员才能体验的。普通人即使身体素质一般，也可以让自己体会到极度的兴奋，比如，你可以尝试超越自己身体以往的极限，那种欢乐就是无可言喻的。这一点，即使简单的活动也可以达到，而不必一定要什么专门的项目。

这里我为读者介绍一种锻炼方法：首先，为自己制定一个目标，并且制定出一套可以随时衡量自己进步程度的尺度。以后在锻炼中，不断地冲击自己制定的目标，而且一旦达到之后，马上就增加难度。举个例子，比如骑自行车，你可以先为自己规定一个距离作为目标，达到之后，那么可以再给自己规定一个速度的目标。每次在自己能力提高之后，就相应提高目标的难度，这样就可以达到效果。这里，最重要的是让自己感到乐趣。

你可以让自己多欣赏沿途的风景，尝试在不同的路面骑行，试试在人群比较拥挤、交通堵塞的情况下骑行，在做这一切的同时，呼吸呼吸新鲜的空气，听一听周围的声音，看看蓝天和路边的景色。千万要注意的是，不要去从事自己没有兴趣、只是被迫而为的事情；如果你不喜欢骑车，那么你是永远无法从中体会到高峰经历的。

跳舞也是一项很好的娱乐活动。音乐的节奏、身体的舒展、热烈的气氛，还有灯光布景，能给很多人带来非常激烈的高峰经历。

在与恋人相处的时候，我们要经常保持一种发现、探索的心情；两个人的关系一旦既成不变，凝固为某种简单的模式，它就不再能带给人欢乐、带给人自我实现的喜悦。在性生活中也是如此，如果双方都不断地追求丰富、发展，那么，它就不会让你觉得厌烦，就会始终让你感受到高峰经历。

精神活动也能带给人高峰经历。无论是数学家、工程师，还

是企业经理，他们内心有自己的一套符号体系，在用它营造一个虚拟的现实，但他们在工作中也能感受到高峰经历。同时，这里也一样要求技能、目标和反馈。

要在精神上经历这种高峰经历，对人的心智也有一些要求。它要求我们的精神状态能够做到非常集中，丝毫不受外部刺激的干扰；有了全身心的投入，才可能产生高峰经历的感受。可惜的是，很多人对于那类需要集中精力的活动丝毫没有兴趣，不愿意让自己接受这些方面的训练、约束。电视在有些人眼里，正是可以避开自我完善，不必面对真正自我的一个好的休憩地。而诸如阅读、学习和记忆力练习正好可以帮助我们训练注意力，尤其是帮助我们学会享受高峰经历。

对于没有知识，也没有记忆的人来说，生活是令人厌倦的游戏。不要让自己沉迷在那些无聊的电视节目中，去专注于发展你自己的内心，你在生活中就会感受到更多的乐趣。只有那些对我们真正有益的知识，才可能带给我们成功的感觉，才可能帮助我们安排、支配自己的生活。

思考也让人愉悦。无论从个人的心理发展，还是从文化的发展来说，思维，或者说思想的出现，都是一个转折点。思考所以发生，并不是因为它能为我们带来物质的好处，思考过程本身产生的喜悦就是对这个活动最大的报酬。去思考一些复杂的现象，试图为它找到答案，这种快乐几乎是无与伦比的。心灵如果失去了创造、支配思想的能力，也就失去了方向。至于我们能否把自己的心智完全集中在自己的思想上，决定的权力在每个人自己手里。不要害怕那些会给你带来冲击的思想和观念，让它来打破你心灵旧有的局限，这就会带来我们所说的高峰经历。

前面我们一直谈到人生选择一门适合的职业，以便使我们能够永远保持一种新奇、发现的眼光，对于我们个人而言非常重要，它的原因正在于此。每个人一生都有大量的时间是投入到工作上的，可想而知，如果工作能够给我们带来愉悦的话，我们人生的面貌也会随之改观。

那么，如何让自己的潜能得到充分的发挥呢？如何让自己心里摒除其他杂念，专心考虑怎样把自己培养成为一个有理想、有技能的人？最好的办法就是找到一项能够让自己产生自我实现感的工作。最好你的工作类似于一场竞赛，它有自己的目的地，途中有挑战，也有各种反馈的信息，这时候，它带给你的欢乐是最多的。

工作能给我们带来什么，这其实是每个人自己可以支配的；如果说工作必定让人厌烦，这显然不准确。即使如此，它也是可以改变的。

工作应该带有一定的挑战性、一定的难度，还要有目标和反馈。要善于把握出现的机遇，同时，要不断提高自己的专业技能，这样才可能获得成功。米哈里·切克金米哈里博士在其名著《流动》中，曾经谈到了一项研究，在这项研究中，被测试者内心有一种奇怪的冲突："一方面，被测试者一般都报告说工作中有时会产生异常积极、健康的感觉，而从这样的报告我们容易得出的一个推论是，他们都喜欢工作，愿意工作，动机很强烈。但另一方面，即使工作带给他们良好的感觉，他们仍然会说，他们希望最好不要工作，动机非常低。反过来情况同样如此。本来按理说，人们在打发他们来之不易的闲暇时光时，应该情绪不错，但实际上他们更容易处在一种低迷的状态里且他们仍然希望闲暇

的时间能够多一些。"

切克金米哈里博士用"工作悖论"这一概念来表述这种反常现象。根据他的研究，"人们在工作中，都觉得自己技术娴熟，也感到很有挑战性，所以他们兴致很高，精神面貌很好，很有创造性，自我感觉也很好。而到了闲暇的时候，他们反而觉得无事可做，他们虽然有一手好技术，却一点也用不上，自然而然，心里不能很痛快，感到枯燥乏味，也没有信心。可是，虽然这样，他们还是愿意多一点空闲，少一点工作"。

这种现象如何解释呢？切克金米哈里博士认为，"说到工作，人们对它的评价实际并不受当下经验的影响，反而是社会文化中的工作观念更影响他们的看法，所以，他们把工作视为一种约束，是外在的强制，是对自由的侵犯，所以避之唯恐不及。这里的问题在于，现代条件下工人与他所从事工作的关系，工人看不到他正在做的事情和他个人的目标之间的关系。他们付出的努力，不是要帮助他们自己实现什么目的，而是去帮助实现其他人的目的。这就是很多人对工作的看法，在他们看来，工作是一项外来的负担，是必须履行的义务，是单纯的付出，这时候，即使工作也能给他们带来积极的感受，他们仍然对之抱一种轻视的态度，原因就在于它和他们自己的长远目标毫无关联"。

人们一般抱怨工作，都集中在与老板、同事的人际关系，压力太大，太没有变化，缺乏挑战性。而我们所以一再指出，一种并非漫无目的的激情对于人生至关重要，原因正在于此：它可以使我们摆脱上述的种种难题。就这一点来说，我们每个人也应该去寻找一项对自己真正有意义的使命，它一方面给我们提供了目标、反馈、规则和挑战，另一方面也能吸引我们的兴趣和注意。

如果我们生活中可以感受到进步、激情和意义，我们为什么要把时间浪费在我们并不喜欢的工作上呢？而且，那浪费的不仅是我们工作上的时间，回到家以后，我们百无聊赖，只能看毫无趣味的电视节目打发时间，这也是浪费。我们应该进入生命的下一个阶段了，应该让自己感到目的、感到意义，你的安全感、信心，你和他人的纽带，就是由此产生的，而焦虑、自我关注却会离你而去。一旦进入生命的这一阶段，我们就会充分体验到高峰经历的种种感受。

每日箴言

我们几乎可以断言，世界上没有什么伟大的业绩不是借助激情实现的。

——黑格尔

如果我们有生的愿望，那么最好现在就开始努力；如果我们没有，那也没有关系，我们可以现在就等待死神降临。

——佚名

我们能够看到什么，取决于我们想看什么。

——约翰·鲁波克

第二章　养成美好生活的品质

真正的幸福是发自内心的愉悦

生活的质量取决于我自己而不是别人，我要利用好我的生命，要最大限度地把它安排好。我要让每天的生活里，成功多于失败，欢乐多于悲哀，爱多于恨，快乐多于失望，欢笑多于悲伤，这一切的决定权在我。我的生活朝气蓬勃，丰富多彩，满怀自信。

——佚名

如果我们懂得如何调整自己，更好地接受外界的环境条件，幸福的大门就向我们敞开了。当然，最好的办法就是我们能够掌握、支配外部条件，不过在多数时候这是难以实现的，因为无论谁也无法完全支配他所处的环境，有太多不确定的因素存在。我们需要做的是，学会如何利用环境，以便实现我们的目的，而不是受环境的支配。

也有一些人，他们在环境中可以呼风唤雨，很有能量，然而他们仍然没有觉得幸福。虽然他们有洋房名车，也有显赫的教育背景，但这些无法使他们快乐。但与此同时，也有很多人认为，如果他们的收入更高，外表更靓，或者有其他一些外在的优势，那么幸福自然而然就会降临。

然而事实是，财富、权力、名誉这些东西，实际上并不是幸福的安全保证书，充其量它们只能做生活的点缀，可以为我们幸福而有意义的生活起到锦上添花的作用。和这些外在的评价相比，占首位的还是我们对自己的感觉。

我们在追求幸福生活的过程中，最终回报我们的，不是单纯的享乐，而是真正发自内心的愉悦。一切享乐都具有转瞬即逝的特点，美食之娱、情爱之欢，都能使我们暂时感到快乐；而内心的愉悦，却和这种享乐有根本的不同。完成一个研究项目，做完一笔交易，和孩子们共享天伦之乐，篮球比赛击败对手，种种这一切，都是会让我们感到愉悦的事情，它带给我们一种成就感。参与这些活动，可以使我们获得改变和进步。

当我们所得到的比我们想象的还要多的时候，我们也会感到愉悦。如果我们要最终实现对自己生活的控制，那么，我们应该想办法，尽可能在日常活动中也能让自己感到愉悦。

前面谈到，高峰经历取决于我们是否能够专注地投入到一项活动中，能否产生愉悦的感觉，也要取决于相同的条件。注意力集中的时候，更容易体验到愉悦感，至于是体力活动还是智力活动，这并没有关系。比如，对我来说，读书就能给我带来愉悦，而且我知道还有很多人也是这样。事实上，比较看重结果、需要注意力集中的活动，最容易让人们产生愉悦的感觉。

那么，产生愉悦的感觉有什么诀窍吗？方法就是，应该在生活中多面对一些挑战。事实上，几乎所有的活动都具有挑战性，计算机游戏、体育运动、园艺，甚至洗车，也都可以带来挑战。如果你的很多才华都可以在某项活动中表现出来，这时候，你往往会非常投入，几乎忘记了身外的事情。职业篮球运动员、国际象棋选手，还有演说家，他们往往是对外部环境毫无觉察，整个投入到他们在进行的活动中的。这种能力不单是他们具有，我们每个人身上都会有，只是需要让它得到滋养、让它生长而已。

切克金米哈里博士就把这种体验称为"流动感"，他解释

第三章　养成美好生活的品质

道:"'流动'的目的就是保持流动的状态,而不是为了什么顶峰或者乌托邦。它不是什么向上的运动,只是在持续不断地流动。表面看来它给人丝毫不必用力的印象,但事实却并不是这样,它对体能或者精神的要求很高,稍一走神就可能前功尽弃。一颗处于流动状态中的心灵,既不会焦虑,也没有恐惧;生活中的一切不愉快,一时间都在这里没有自己的位置了。"

每日箴言

这个世界有它自己满足人们要求的方式。如果你担心害怕,以为失败和贫穷会降临到自己身上,那么,不管你多么努力地在为成功而奋斗,这一切最终还是会在你身上发生。如果你自己没有信心,生活也会对你失去信心,你和美好的事物从此无缘了。你渴望成功,成功就会来临。

——普雷斯顿·布莱德利

获得幸福的能力

能够给我们带来和平的,只有我们自己。

——拉尔夫·瓦尔多·爱默生

我和数以百计的人打过交道,其中很多人都已经退休,可是,他们对自己前半生的评价并不好,认为是虚度光阴,大半的日子都是在厌烦、劳累中度过,没有什么幸福可言。所以著述本书,是希望能够帮助读者找到提高能力和知识的捷径,避免上一代人的那些遗憾再在我们身上重演。这样,等读者将来回顾自己一生历程的时候，能够为自己的成就感到骄傲，而这才是幸福最可靠的保证。

幸福属于那些能够把握自己思想和体验的人，只有他们才能够自己控制生活的质量。戴尔博士曾经发行过一盘广播录音带《转型》，对此做了非常雄辩有力的说明："没有哪条道路可以通往幸福，幸福本身就是道路。无数的人都在费力地寻找它，但它其实就在你身边。幸福就是你本来的样子，它和你思考的方式有关。如果你让它在自己的内心安家落户，那么它的触角可以随你的心愿延伸到你所从事的一切工作中。它是属于你的，它可以跟随你，你不用处心积虑希望得到它。"

幸福是一种生活的方法和态度，而不是什么可以用金钱买到的东西。它并不取决于外部的事物，而更多依赖我们主观的感觉；它要靠每个个体的培育、滋养，才能成为现实。这就是维克多·弗兰克在他的名著《追求意义的人》一书中所说的："幸福不是刻意追求来的。当我们献身于某项比我们自身更为崇高的事业的时候，它却会无心插柳，不期而至。"

幸福来自于对终极目标的追求。当人们能够控制他生活中发生的各种事件的时候，或者，当他拥有一种体验高峰经历的能力的时候，他都会感到幸福。幸福就是一种能力，一种不断地把握自己思想的能力，一种迎接挑战、克服困难、感到愉悦的能力，一种"贫贱不能移，威武不能屈""一箪食，一瓢饮，不改其乐"的能力。

阻碍幸福的因素很多，挫折、失望，还有切克金米哈里博士所说的"周期性的不满"，都会妨碍我们体会到幸福。很多人也因此抱一种听天由命的态度，认为生活本来就应该是这样，就应

第三章　养成美好生活的品质

该是被各种问题困扰、纠缠的。

我们也许无法支配外部环境，但在同样的外部环境、外部事件下，我们如何反应、如何解释，这可以由我们自己决定，从而，我们还是可以运用我们的智慧来追求幸福的。

切克金米哈里博士所说的"周期性的不满"，很多人都经历过，它产生的原因是人们对生活抱有越来越高的期望，每次一旦达到某个目标，马上就盯上了另一个目标；成功带来的喜悦还来不及享受，立刻又陷入新的不满足中了。对于他们，只有最终结果是最重要的，所以，他们无法从眼下的工作中感受到任何快乐。我们能给这一类人的劝告是，不要忽视沿路的风景，当你学会从一路跋涉中获得乐趣，那样，你就不会在成功的时候两手空空，与满意失之交臂了。

把握自己的人生，享受自己的工作，不断学习进步，对新事物保持开放的心态，这可以说是追求幸福的四大要素。在这个意义上，可以说很多人不幸福的根源并不是由于外力的作祟，而全在于自己。一旦我们发现了阻碍自己追求幸福生活的屏障，就应该与它一刀两断，而要做到这一点，发展一种有意义的生活正是关键。

然而，实际生活中，我们常常把太多的精力放在追求物质财富、权力和奢华上，但最终我们会意识到，这一切都是虚无的，并不会给我们带来喜悦；金钱、权力、地位，这种种因素并不是幸福生活的组成要素。一个人生活中不能感受到幸福，原因一定不在于他财产不够，而是他没有能够提高生活的质量。

要避免这一切，需要我们培养一种相对于环境的独立意识，不是受制于外在的奖惩，而是有自己的标准，按照自己的方式去寻找幸福，实现自我，而不论外界是怎样的环境。

事实上，要改变自己的生活态度，培养一种发现人生目的、享受生活乐趣的能力，这一切都可以不用借助外物，它就在我们的内心。我们不妨自己衡量一下，生活中到底哪些东西重要，哪些不重要？是未来某一时刻发生的事情，还是今天？

不要让自己成为他人恭维话的奴隶，不要事事都想在未来得到他人的认可。重要的不是你未来会得到什么，而是你现在是什么样子。

这并不意味着要我们放弃任何目标，我们的生活中不能没有目标。我们所要做的，只是要让自己不受制于别人认为有用、别人为我们规定的目标。我们要有我们自己的目标和价值尺度。

摆脱外界环境对我们的支配有一个好方法，那就是享受生活，享受工作中的每一分每一秒，要学会看重过程，从过程、经历中体会到快乐。这时候，主宰你的力量就会从外界回到你的手里。我们应该享受真正的生活赐给我们的回报，而不是拼尽全力，为他人规定的目标而奋斗。每个人都可以练习逐渐支配、把握自己的思想和行为，事实上，这种功夫几乎在每一件小事上都是可以体现出来的。不断加以练习、提高，你就可以提高自己适应环境的能力，把不利变为有利，把困难变成挑战，在挫折面前坚持而不松懈。

焦虑、恐惧、负疚、生气，可以说是幸福生活的四个死敌，它们会让我们不能集中注意力地去把握幸福，无谓地消耗我们的精力，夺走我们的力量和自信；而且，它们还钻进我们的脑海，充斥我们的记忆、思想和感情，使我们分心，不能全身心地投入到目标中去。

要与这些恶劣的情绪做斗争，要实现真正的幸福，关键就是要能集中自己的精力，不受外界干扰的刺激，全身心投入到自己的目标。可以说，我们把时间投入到哪里，就决定了我们是怎么样的人。如果我们的思想是集中于一个目标的，我们自身就会更加完整、一致，处事风格也会更加沉着稳重，从此我们的心灵就不再惊扰，只有宁静、平和，从此我们的生活也就充满了和谐、幸福。

每日箴言

我们可以听到很多告诉我们幸福是无价之宝的话，不过，你一定要把这句话记在心里：如果我们是为了别人才去购买它，那么，幸福这时候已经成为世界上最不值钱的东西了。

——弗莱明

一个能深刻地感受世界、快乐地享受生活、自由地思考、勇敢地尝试的人，还有，一个能感到别人需要自己的人，才可能有幸福的感觉。

——斯托姆·杰姆逊

每个人都有权利为了挽救自己的生活而拿它去冒险、去尝试。

——让·雅克·卢梭

态度决定了你的幸福

总是尝试超出我能力的事情，这样我就可以学会怎么去做。

——毕加索

幸福，寻找它的人多，得到它的人少。人们常常以为，在金钱、财产和人际交往中能够找到幸福，可是他们忘了，幸福并不是得到什么，它是心灵在感受到自我实现时所处的状态。一个每天带着期望去生活的人，那些在生活中感到快乐满意的人，可以说，都是幸福的宠儿。幸福是自然的，不幸才是因为我们内心的恐惧、焦虑、紧张，由于我们不能支配自己的思想。多数的人只是在短暂爆发的时刻才感觉到片刻的幸福，然而，事情过去之后，他们又重新回到日常的状态。

那些把自己的喜怒哀乐完全寄托在外物之上的人，幸福的大门并不会向他打开。希望自己幸福吗？我们完全可以自己选择，当然，你可以让外界事物来决定你的幸福，但你也可以因为自己所做的一切而感到幸福。这时候，即使生活中发生了各种不幸，也并不会妨碍你去选择幸福。你的生命还在，你的呼吸未停，你还可以看着这本书，从中吸取养料，生活中会有很多让你幸福的事。即使其他的暂时你还无法做到，至少，你还拥有把握幸福的能力。

要相信自己，一切自己都是能做到的。你是独一无二的，你必然会有非凡的成就。在你内心深处的某个地方，你在热烈地渴望成功，而且，你也具备了这样的能力。从今天起，你要做的就是先改变自己的人生观，改变你对自己的看法。

第三章　养成美好生活的品质

要去想象、去憧憬幸福，每天都要这么做，让自己的生活拥有目标，拥有一个个巅峰；要保持内心的宁静，要相信自己，没有什么是你不能做的，没有什么人是你不能成为的。事实上，只要你意识到无论什么时候，你都可以实现幸福，那么，实际上你就已经无时无刻不在幸福之中了。

不要活在过去，我们要把握的是今天、明天，我们需要的是未来的幸福。你的态度就决定了你的幸福。如果你消极悲观，处处不满，整天唉声叹气，那你永远也进不了幸福的门。

要相信自己配得上幸福，重要的是这种信心，有了信心，也就有了幸福。抛开你从前对生活那套愤世嫉俗的观点，鼓励自己继续往前，去接受变化，去拥抱原本就属于你的幸福，去做希望和成功的忠实信徒。这一切，需要的只是勇气，而这种勇气就在你心里，唤醒它，抓住它，你就会拥有更美好的生活。

不要自己画地为牢、作茧自缚，要让新鲜的空气进入自己的内心，不要在那肮脏单调的巢穴里坐等生命的流逝。一个对自己所做的事情丝毫感觉不到乐趣、意义的人，是不可能产生幸福的感觉的。变化，要记住，首先是变化，有了变化就有了幸福的可能；它就是动力，就是轮船，会把你带到想去的地方。

生活不是重复，你今天所做的，完全可以和昨天不同，你永远有用不完的机会。而幸福，首先就意味着寻找机会，把握机会。如果觉得现在的一切并不能带来成就感，并不能让你满意，那么为什么不去改变它呢？去寻找你的目的、你的意义，然后全身心地投入吧，在这点上不必吝惜时间，因为它带给你的将是幸福。逼迫自己去面对变化，接受变化，幸福，它就在你的选择中。

世界上最幸福的人，是那些克服了艰难险阻、忍受了长期的煎熬，但始终在斗争、在坚持的人。就我个人所见到的而言，最幸福的，也是那些不怕付出、不怕牺牲，敢于尝试、敢于冒险的人。没有经历苦难波折，没有经历生死搏斗，就不可能有幸福。

想一想自己走过的路程，自己克服的那些阻碍，在挫折和奋斗中自己得到的教训和经历。想一想，自己最幸福的时刻，难道不正是经过努力坚持，最终攻克重重难关的时刻吗？不是自己开始还心有怯意，最终却出色地完成了一项任务的时候，或者，是自己本来都以为不能坚持，以为苦难不会结束，最终咬咬牙却挺过去的时刻吗？

生活随时随地会遭遇各种挑战。我们越是能够将不利变成机遇，就越有可能过上幸福的生活。你的生活将变成一场没有间歇的盛大庆典，所有机会来临的时刻都是你的节日。没有什么能够约束你思考、行动的自由，没有什么能限制你去发展这些方面的能力。你完全可以去享受生活的种种乐趣，你唯一需要的是，给自己去接近、去达到、去创造、去欢乐的机会。

每日箴言

我们要自己为自己的将来负责，这样，未来的无限的可能性才会转化为现买。

——吉福德·平肖特

获得幸福的诀窍是在大脑中始终存有梦想。获得成功的诀窍是把梦想转化为现实。

——佚名

第三章 养成美好生活的品质

释放自己最大的潜能

确定自己的人生道路

目标越高远，风险越严峻，你的荣耀也将越显得伟大。

——佚名

我们之所以是我们，是因为我们有思想。如果你确定了自己的目标，确定了自己的生活方式，或者，你渴望也能够拥有某些感受，这时候，你应该动用你的思想，为自己找到一条往前的道路。你的想象力，你的创造力，还有你的梦想，都应该释放出来。你需要用你自己的理智去判断，自己真正需要什么，同时去体验自己真正希望拥有的体验。不要让习惯、担心或者早先的信念束缚自己的想象力；在你为自己的未来勾画出一幅蓝图的同时，你就已经在走向它了。

这并不是做白日梦。我自己就每天都去幻想未来，以此给自己动力，这你也可以做到。而你的今天，很可能就是你过去拥有的想象的结果。

借助这样的想象，我们的思想也转化成了行动，最终可以实现自己的愿望。所以，不要轻视、更不要害怕想象，要大胆运用自己的想象力、创造力，为自己勾勒未来无限的可能性。让你的思考打破禁锢，为自己描绘你希望达到的终极图景吧，然后，就把你从前的那些想法抛到一边，不要再让它们成为你前进路上的绊脚石。

在实现目标的时候，思想也是最有力、最可以借助的武器。第一步必须是先把我们全部的思想、全部的能量都集中到目标上，这样才会有第二步——达到目标。无论你追求什么，仅仅说

"我希望""我愿意"，是远远不够的，你要自己立下决心，破釜沉舟，这样才可能成功。

可以说，决定我们成功与否的，不是外部环境条件，而是我们内心的想法。所以，在你动手之前，先要在内心让自己相信自己会成功，让自己相信自己最终会实现自己的愿望，会坚持不懈、持之以恒地向自己的目标迈进。

我们的生活会是什么样子，很大程度上取决于你用怎样的眼光看待它。如果你觉得自己已经不堪重负，各种压力已经要把你压垮，经济上也没有改善的希望，那么未来你的生活状态很可能就是这样。这时候，你应该换一种眼光，你应该想象自己的另一种生活状态，热情饱满，精神振作，浑身有使不完的力量，比如，如果你希望有一座豪宅，希望事业一帆风顺，或者希望与周围相处融洽，你可以先尝试想象自己已经拥有了这一切。无论自己希望什么，都可以在脑海里勾勒出一幅你已经实现自己目标的场景。要这么做，你需要打破旧的思维模式，先在自己的思想里去寻找、去融入自己所希望的生活。

人们一旦意识到自己拥有那么强大的思想力量，他就会无比自信。这时候，他丝毫不害怕让自己去追求一个更高的目标，因为他已经意识到，就从他最初产生这个想法开始，他就必定可以实现它的。

每日箴言

许多人之所以会错失良机，是因为看见它穿着工作服，长得也和"工作"无异。

——托马斯·爱迪生

第四章　释放自己最大的潜能

为自己的一生做决定

> 无论个人环境有何不同，有一点，他们所生活的世界都是由他们自己造成的。
>
> ——约瑟夫·默雷·艾姆斯

生活属于每个人自己。我们想做什么，没有必要去征求其他人的同意。但实际上，有很多人往往因为害怕遭到他人的反对，而不愿为自己的一生做决定，不愿进行新的尝试。

如果我们过于依赖别人对我们的好评，把它视为自己幸福生活的组成部分，这时候会产生一个问题：那到底是谁的生活，谁的幸福？如果是你的生活，那么，什么能够让你快乐？什么不能？选择的权力在你自己手里。你当然不能用自己的行为伤害他人，但是，这并不意味着你要按照他人的喜好来做出决定。如果是那样，你和他人的奴隶又有什么区别？

如果你还没有开始从事自己喜爱的工作，这时候，过于期待别人的祝福，对你将有百害而无一利；如果自己总是期盼他人的赞同，久而久之，就会破坏我们的自尊自信。我们一生要从事的事业，即使不为他人认可，只要自己认定，仍然要去坚持。这时候，虽然我们仍然应该倾听他人的意见，学习他人的经验，但不必因为他们的见解就变更自己预定的轨道，不必因为他们的看法和我们不同，我们就失去了坚持自己观点的信心。相反，只要自己认为是正确的，就应该坚持。

让别人的想法左右自己的行动，这是一个预兆，表明你对自己的思想没有信心。如果你希望自己支配自己的生活，对个人事物的决定权就是一个非常重要的方面。如果每次你都临阵退缩，回避本来应该由自己做出的决定，或者，要征得别人同意才能做最后的决定，这会带来一个很大的问题，那就是，你已经失去了支配自己生活的能力。

要培养自立的精神，自己做决定，并承担它的后果。我们一生不免会做出许多事后懊悔不已的决定，但这些决定并不是没有价值，我们正是这样才不断吸取经验、不断成长的。正是因为有了今天的失误，才使我们将来能够做出更明智的判断和选择。所以，我们要自己去摸索。我们无法让所有的人都对我们满意，所以，我们要打消这个念头，周围的人对我们的言行举止不满意，这是经常发生的事情，这时候，我们要做的就是坚持自己，只要自己认为是正确的。

不要把心思花费在如何取悦别人上，你是什么样子就是什么样子。如果有人不喜欢，只管由他去，不要让别人的品评影响你的心情，也不必以为，有必要向旁人证明自己始终是正确的。要相信自己，相信自己做出的决定，并承担由此而来的责任。我们所要避免的，就是每次自己有所行动的时候，都要去等待别人的认可。你的生活属于你自己，你可以按照自己的方式去生活。

每日箴言

决定你生存状况的，不在于生活带给了你什么，而在于你带着什么态度走入生活；不在于你遭遇的事情，而在于你看待这些事情的方式。一个良好的环境固然可以为生活增色，然而，选择何种颜色，这又要我们自己决定。

——约翰·霍默·米勒

相信自己

无论我们拥有多少财富，都不如我们内心的财富来得重要。

——福布斯

怀疑主义是一切进步事业的死敌，也是个人追求自我完善的死敌。不相信自己的人，多半从来不能实现自己的梦想。要相信你自己，相信你的朋友、你的家庭，相信你所希望拥有的最终几乎都可以得到，相信你的成功是来自自己的努力，而非侥幸，相信你向生活投资一分，最终生活会回报你一分。

我们常常可以看到，两个智力相仿、才华相当的人，在自信心方面大相径庭。那个能够借助自己力量前行的人，也是前进途中最有创造力、最高产的人。

不必怀疑自己的能力，你完全能够实现自己的目标，能够支配自己的思想并转化为最终的行动，能够消除前进路上各种外界的障碍和心理的恐惧。这一切都需要你相信自己。不要让自己沉浸在贫穷、失意、焦虑、不幸中不能自拔，相信自己，你就会迎来新的成功。

追求成功的人，必须为自己的将来负责。他所做的，应该有助于实现他的目标。他必须为自己的决定、取舍和行为承担责任，必须自己为自己考虑，选择那些可以指导自己生活的价值、目标，而不是不加辨别，接受家庭、朋友或者其他人所讲述的一切。

没有谁必须对你承担义务，家庭、朋友，甚至政府，都是如此，你只有自己对自己的将来负责，生活的重担不可能让他人来为你承担。你在生活中，应该选择一种积极而不是消极的方式。

你能为自己承担多少责任，就决定了你能得到多少快乐和成功。限制自己的发展，环境分配你做什么你就做什么，这样你永远与成功无缘，真正的成功需要你打破常规作出更多的贡献。

我们需要的，不是问自己生活中需要什么，而是问："我要得到这些我希望的东西，必须做什么？"

世界在飞快地变化，你必须做出选择，或者现在就注意发展自己的潜能，以便未来争取成功；或者，像你周围的人那样，只是不断地抱怨生活，从来不去行动。

生活中，我们看到，太多的人们不愿去正视自己的潜能，不愿去把握各种让自己走向成功的可能，似乎这种前景让他们害怕，这是为什么呢？为什么人们那么害怕对自己承担责任，那么害怕看到深藏在自己生命深处的各种潜在的能量？

偶尔地，人们看到自己身上居然有那么丰富、那么不可思议的可能性，或许也会产生去探索、去实践的勇气，然而，他们并不是一直都能这样，在另一些时候，在同样的可能性面前，他们表现出来的是屡弱、惶恐，最终退缩。可是，如果我们不愿正视自己身上那一切力量的存在，不愿让自己成为自己所能够成为的最好的样子，我们的一辈子，几乎注定是不能快乐的。

把命运寄托在侥幸、运气的成分上，希望坐等幸福来临的人，是永远不会有结果的。你应该做的，是去促成它的到来，应该自己主动去努力，自己去选择，自己支配自己的命运，指望他人，认为他人应当为你的成就或者失败负责，这都是毫无道理的。你的生活，只有你自己才能负责。

人应当掌握自己的命运，而不是听任命运女神的支配。你应

第四章 释放自己最大的潜能

当努力唤醒、实践自己的潜能，而不是让它们一直沉睡。

去接受挑战、寻找机会吧！人应当成为一个创造者、建设者，我们完全有足够的力量为自己的命运负责。我们所需要的，只是去运用这种力量。

今天，一个非常让人失望的事实是，有太多太多的人不相信自己能够成功，反而质疑自己是否具有成功的能力，对于自己的一事无成，他们常常能找到各种借口、理由来搪塞。悲观主义、消极情绪，是我们时代的一个特点，弥漫在我们的社会。在很多人身上，我们看不到一点渴望追求成功的影子，相反，他们给人的印象倒像是某种力量的受害者。

相信自己，这是人生首先要做到的一件大事。一个不相信自己的人，不可能实现自己身上蕴藏的巨大潜能；而一旦相信了自己，相信自己身上蕴藏的能量，你必将取得成功。

人活着不是一种单纯的存在。你应当抓住、应当充分利用自己生命中的每一个时刻。你身上蕴藏着无穷无尽的能量，可以帮助你实现友爱、和谐、欢乐、伟大和宁静。

我的整个青年时代都是在学习中度过的，那些最幸福、最有成就、最有创造力的人，都是我学习的楷模。但他们中的很多人，因为他们之前没有仿效的榜样，所以都是自己摸索起步的，而今天我们已经有了一切的便利，可以帮助我们去达到他们当初的成就。

许多人的生活状态，真可以说是半死不活，毫无生气。看起来他们每天都在忙，但却不知道在忙些什么，只是日复一日地重复着同样的工作，没有任何目的、方向。这一切，有时是出于对未来未知事物、对变化的恐惧，有时则是因为自己情绪低落，毫无斗志，没有丝毫往前走的愿望，觉得自己在那些抉择、变化面前无能为力，于是无谓地打发时间，浪费自己的青春和生命。

你要改变自己的生活方式，要去支配自己的生活，要成长，要学会应对各种变化，享受成功的人生。自己的人生应该怎样度过，怎样品尝，怎样感受，这都是你自己应该决定的事情。一个相信自己的人，就可以实现这样一种生活。你需要做的，是对自己的未来有更高更好的预期，不要自怨自艾，顾影自怜，要树立对自己的信心。要学会拥抱生活中的变化，而不是害怕变化。要大胆去追求自己渴望拥有的东西，而不是故步自封，停留在自己熟悉的圈子里打转。

你完全拥有足够的能力，所需要的，只是去相信自己，成为自己生活的主人，而不是让他人代替你决定。要相信自己的人生态度可以更积极，身体可以更健康，生活可以拥有更多的友爱，前景可以更加光明，相信一切都可以借助自己的力量实现。生活中出现的每次经历，要当成学习、进步的好机会，而不是让自己恐惧、担心。

一沙一世界，一花一天堂；世界的每一个角落，我们都可以发现美的踪迹；在生命最轻微的呼吸中，我们都能够感受到奇迹。无论身在何处，多一点同情的眼光，少一些评判的态度，不要苛求，不要因为别人不合你的意见就不快，要接受别人原原本本的样子，做到了这一切，你就能赢得心灵的平和、宁静。

同时，要坚持自己的价值、尺度，要相信内心真实的自我，不要在意他人的评判，不要拒绝生命中的新体验，没有变化的人生将会平淡无奇，毫无活力。只管走自己的路，不要把时间浪费在毫无意义的自责、检讨上。

第四章　释放自己最大的潜能

要为自己找到生命的目的和意义，然后，就去追随它。去从事你真正热爱的职业，去帮助周围的人，为他们服务，这是唯一正确的道路。要明白，你不可能得到所有人的支持，这时候，保持自己思想、行动上的独立有至关重要的意义。我们应该按照自己的梦想去生活。

严肃、拘谨不是生活的本来面目，要保持一分幽默感，多和幽默风趣的人交往。要学会自嘲，不要把自己的错误看得太严重，也要告诉你周围的人，对自己、对生活，可以抱轻松一些的态度。生活原来就没有固定的准则，可以由我们自己去描画。

我们无法避免错误，但大可不必由此就谨小慎微，害怕错误。错误正是我们学习、进步的好机会。要记住，人生最大的错误就是拒绝尝试、拒绝行动。一次跌倒了，我们可以爬起来，吸取教训，下次我们就会做得更好。托马斯·爱迪生发明电灯泡曾经做过上万次的实验，在最后的一次成功之前，他所经历的都是失败。可是，我们谁会在意他的那些失败，谁会称他为一个失败者呢？事实上，我们只会把它称作暂时的挫折，是未来进步的阶梯。

由此我们可以想到，其实日常我们称为失败的那些经历，无非是暂时阻碍了我们去实现我们的目标；如果没有这些失败的经历，没有这些经历所揭示给我们的那些教训，没有从这些经历中获得的一点一滴的进步、改善，就绝不会有最终的成功。在这个意义上，可以说失败给予我们的，远比成功多。

只要你不气馁，失败永远是暂时的，而你的力量、你的性格都会从这样的逆境中生长、完善起来。所以，不要因为害怕失败就不去尝试，不要追求一种并不可能实现的完美。那种完美是不属于人类的。

乐观精神是一切勇气和进步的基石。

——尼古拉斯·默雷·巴特勒

积极进取，乐观自信，开放的性格，欢乐的天性，能够妥善地应对压力，所有这些，都是身体保持持续健康必不可少的条件。

——海伦·海耶斯

让自己成为一个乐观的人

悲观的人把机遇看成危险，乐观的人则把危险看成机遇。

——海伦·海耶斯

生活往往使我们的预期成为现实。如果我们凡事都是一种消极悲观的态度，认定别人对我们不怀好意，总是在轻视我们、伤害我们、欺骗我们，那么，这一切最后就有可能成为现实。相反，如果你把自己心底所有这些负面的情绪都抛开，而是以一种积极、乐观的态度投入生活，相信自己能够达到自己的目标，那么，最终你也会成功。人的思想、情感是可以自己支配、自己负责的，选择了一种想法，也就意味着选择了一种命运。

乐观的人，随时随地在渴望着成功的来临。他们寻找一切机会，而且总是希望最好的结果。他们精力旺盛，做事一丝不苟，异常专注；恐惧、焦虑，这种种情绪与他们是无缘的。

第四章　释放自己最大的潜能

　　大多数人都喜欢和乐观的人相处，喜欢让他们快乐的天性感染自己，喜欢他们的热情。他们不仅自己成功，也帮助他们亲近的人实现成功。

　　乐观的人，常常是面带微笑、态度温和的，他们总是从周围去发现积极有益的东西，总是对他人表现出嘉许的态度。物以类聚，在乐观主义者的周围，我们常常能发现其他的乐观主义者，每天怀着期待在生活着。

　　在乐观者的眼里，挫折意味着机会，他们还会把这种健康向上的心态向他们的周围传播开。他们眼中的自己，也是很积极的形象；在他们的一切思想和想象里，都为自己描绘了一幅美好的图景，生活幸福、事业有成。他们总是预想自己的愿望都会实现，他们也知道，想象是生活的最好动力，于是总是乐于用最高的目标来激励自己。

　　乐观者对于未来常常会有一个计划，总是能够知道自己在往哪个方向去。他们知道自己的目标，所以身处逆境，只会激发他们的斗志，使他们更坚强。他们欢迎挑战，从不退缩，反而借此来磨砺自己；同时，他们注意知识的学习。

　　乐观者与其他人不同的地方还在于，他们极少处在一种混乱、沮丧的状态中，他们的生活绝不单调乏味，也不缺少同情心。他们不是漫无目的地徘徊在人生的旅程上，相反，他们有自己的目标，知道哪个目标重要，哪个不重要，而且还制定自己的实施方案。在他们达到最终的成功之前，他们先在自己的心里已经把成功预演了一遍，以后，当成功在他们生活中发生的时候，也就是一件自然而然的事情了。

　　作家阿兰·洛侬·麦克金尼斯说："他们意识到他们生活的

世界并不完美，友爱可能遭受冷落，无辜的人会受到伤害。"按照他的说法，这一类乐观主义者，他们作为一个群体有一些自身的特征，这表现为：

第一，他们处变不惊，充分预计到困难的存在，随时愿意去解决各种难题和挑战。

第二，解决问题的愿望。事实上，如果他们不能找到一个完美、没有缺陷的答案，也愿意接受权宜之计。他们从不害怕新事物。

第三，把握未来。他们相信自己能够把握自己的命运，不愿做听天由命的人。他们热情洋溢，认为凡是自己希望的事情，他们都能够做到。

第四，能够摆脱自己的阴暗思想。他们不会遭遇了一件不幸，立刻就把它上升到一种普遍的意义。

第五，一种"不管风吹浪打，胜似闲庭信步"的心态。即使环境极其险恶，他们也从容不迫，总能找到让自己高兴的东西，有时甚至只是一杯咖啡也能玩味半天。

第六，先幻想自己的成功。悲观者总是把视线集中到不幸之上，而他们脑海里想到的都是一些快乐的事情。他们关注现实，但从不放弃希望。

第七，接受非人力所及的一切。他们知道生活并不可能总是按我们预想的展开，相反，它有自身的规则，按照自身的轨道运行。人与人的不同只在于他们处理方式的差别。

第八，总是微笑着面对生活。他们每天都会有一个好的开始，锻炼或者思考；他们常常开怀大笑；无论环境怎么险恶，他们总是不忘在某些特殊的场合庆祝一番；通常他们都喜爱音乐。

第九，相信自己可以永无止境地追求进步。随着年岁增长，他们所关注的并不是自己身体机能的衰退，而是自己越来越丰富的经历，他们把这看成一笔财富。而且，他们仍然学习各种新的技能。

第十，他们是常为新的。他们会经常往自己的交际圈子里注入活力，在自己的生活中推进一种爱的关系。他们注意自己精神的发展。

第十一，会生气，但从不怀恨。他们对日常生活中各种有害的关系非常留意，注意克服；他们接受人的天性，能够容忍自身和他人身上的缺点、错误。

第十二，愿意和同伴分享喜悦。对于那些不停在抱怨生活的人，他们非常友善地倾听，但并不受他们影响。他们也会表达自己一些不好的情绪，但从不被自己的这种心情所累，很容易就转换到其他话题上。

每日箴言

我很高兴自己是一个乐观的人。悲观的人还没起步就已经失败了一半，而一个乐观的人在开始一项行动的时候，因为他的心态十分健康，所以战斗还没有开始他就已经胜了一半，而且是最重要的一半。对于流行的观念，乐观的人或许并不理解，或许理解了也不能同意，但他确实相信，在未来的某个时候，只有正确、美好的东西才会真正流行。

——托马斯·巴克纳

美梦成真

人的命运会随他的思想的改变而改变。如果我们习惯中所想的，都是我们要做的事情，那么我们就会成为我们所希望的样子，完成我们希望完成的事情。

——奥里森·斯威特·马登

一旦你下定了决心，要过一种健康、积极、快乐的人生，希望在一个真正符合自己要求的世界里生活，也许你首先需要改变的就是你的态度。

你可以先尝试把自己的注意力都集中到自己的各种愿望和要求上。你可以想象一下，如果你所希望的一切都已经实现，那会是什么样子；因为你需要让自己的心灵去感觉，你未来所希望的是一种什么生活。然后，努力让自己的举动向理想中的状态看齐，就好像那一切已经存在一样，把所有的疑虑、所有的阻止自己行动的思想都抛到脑后，自己的行为，应该就像理想已经实现的时候一样。如果你渴望的是快乐，那么，就让自己的举止表现出快乐的痕迹；如果你希望的是自信，那么，就让自己表现出信心；如果是渴望健康，就去做会带给你健康的事情，同时，心里要经常揣着健康的念头。

对待别人，我们也要采取同样的态度。如果他们有什么梦想，我们可以仿佛他们的梦想已经实现那样地对待他们，用这种方式鼓励他们。仅仅祝愿在这里还不够，要行为上也表现出已经成为现实的样子。

每天最好都想一想，自己会如何一步步走向成功。过一段时

间以后，这样的念头就会在你脑海里浮现，而且，说不定什么时候，它就成为现实了。最终你会体验到美梦成真的快乐的。如果你脑海里都是一些消极颓废的想法，那么你永远都不可能成功。思想、意识和信念会决定人的实际状况。现在就去为你的目标努力，它们会实现的。

你过去的教育、资历，这些并不能决定一切，重要的是相信自己，同时，不要等待别人把一切安排好。要接受别人真实的面目，不要总是去裁断别人。你对别人要求得越少，得到的回报就越多。

抛开你的怀疑思想。你的可能性是无限的，你需要的是打开自己的心灵，拓宽自己的视野，相信你所希望的一切会真实地发生。

有些事情，现在不会做并不意味着以后都不会做。看看生活中那些成功者，看看他们是如何实现那些表面看来几乎是不可能实现的目标的，效仿他们，借鉴他们的成功经验，这些对你的成功都将大有裨益。

每日箴言

人是因为梦想才变得伟大的，所有的大人物都是会做梦的人。他们眼里的一切，都是在春日的和风中，或者是冬夜的炉火边。这些绚烂的梦想，有的人会让它无声无息地消失，而有的人却会尽力培育它、浇灌它，帮助它度过最艰苦的日子，直到有一天，他们又重新把它搬到了明媚的阳光底下——对于那些坚信自己的梦想一定会成真的人，太阳一定是遮挡不住的。

——伍德罗·威尔逊

支配自己的思想意识

> 我们之所以是我们，就是因为我们的思想。我们的一切都随我们的思想生长出来，我们又以我们的思想去创造世界。
>
> ——佚名

思想意识是推动你成功的最强大武器。但是，有很多人从来没有意识到这一点，所以从没想过要去主动支配自己的思想意识，于是，他们的思想里，充满了各种消极有害的观念。事实上，像愤怒、仇恨、恐惧、忧虑、自责这一类的情绪，是可能让你任何成功的机会都化为泡影的。

一个人如果希望过一种幸福快乐的日子，就不应该让这些消极有害的情绪占据自己的生活。人的心智、身体和情感，都深深受到了思想意识的影响；你改变自己的思想意识，就是在改变自己的将来。

像幸福、欢乐、友爱、成功这样积极正面的思想意识，对人的生活也会产生积极的推动作用；而像愤怒、焦虑、妒忌、怨恨，这种消极的情绪只会妨碍你取得成功。

如何才能把消极有害的思想模式转化为积极健康的思想模式？这正是我们要学习的东西。消极思想所产生的危害实在举不胜举，它损害我们的身体，削弱了它的抵抗力；反过来，它又会毒害我们的心灵，剥夺它理性思考、冷静决断的能力。如果一种消极思想一直在你身上存在，它最后就会毁灭你。除非你用前面提到的种种积极的思想意识来取代它，那时你才会逐渐痊愈。

思想是现实的酵母。现在，你问一问自己，是希望自己拥有健康积极的思想，抑或是希望自己永远留在消极有害的思想情绪中呢？

人所以会产生各种消极思想，一个原因是过于自卑，如果觉得自己根本不配得到幸福成功，这时候，占据他内心的，毫无疑问会是各种消极思想。

要消除思想中那些消极有害的内容，一个方法就是要克服那种认为自己并不怎么样的念头。对自己的怀疑、没有信心、缺乏安全感，将难以让你形成积极健康的思想，从而，你将无法像正常人那样享受各种快乐的体验。

许多人经常愿意将自己拿来和别人对比。我们所接受的社会的训练，就是要我们去投入各种竞争，要做精英中的精英，做所有人中最出色的一位。这样一种标准容易让人对自己怀疑失望，产生无能感。于是，我们会觉得自己一无是处，毫无价值，这时候，我们的内心自然而然就被各种消极思想占据了。

一旦我们按照自己的方式生活，我们就会发现，所有的人都是独特、与众不同的，每个人都有自己的优劣短长，完全没有必要将自己和别人做无谓的比较。这时，我们会接受、尊重并喜爱那个真实的自我了。

你完全配得上那些最高的酬报，你的生活应该充满欢乐和成功。你并不比别人好，也不比别人差，你就是你自己。现在就开始行动吧，你需要的是一种健康积极的思想态度。

人们对待生活的态度，很大程度上取决于他注意生活中的哪些方面。如果他所注意的是那些消极负面的东西，他自然就没有时间再去注意那些积极的地方。然而，只有积极健康的思想，才可能真正使你取得成功。

积极的思想带来积极的感觉，而积极的感觉又会为你带来更多的积极思想。享受生活中的一切吧，你一定能做到。

积极乐观，这不仅是思想，而且要转化为行动。一旦你的行动给你带来无穷的欢乐，你将再也不会回到那些阴暗消极的思想中了。

所以，在拥有了积极健康的思想意识之后，还需要生活方式的改变，这包括职业、居住地、人际交往等。如果对工作、对所住的地方不满意，或者，你的同伴并不能按你所期望的方式对待你，他们无法认识你的价值，那么，抛开它们，去寻找属于你的一切吧。

看一看生活中那些消极有害的思想，它的来源究竟在何方；如果能摆脱就摆脱它，如果不能，那就在内心摆脱它，不要让自己的情感受制于它。

你应该努力设法为自己营造一种良好的环境，一种有利于你的思想更加健康、积极的环境，同时，尽力克服那些不利的环境因素，让自己的生活变得更好。

去帮助别人，去做其他积极有益的事情。去给予，而不是获取，哪怕所给的只是一点点的时间，但只要坚持；去微笑着面对人们，去传播所有健康有益的思想，去把你的手伸给别人，对他们喊一声加油。所有这一切，都会给你一种美好的感觉。

幸福的要诀就在于，带着热忱、带着喜悦投入你的行动当中；每天有意识地培养一种健康的心态，争取让每一天都活得精彩；带着同情心和爱心到你的事业中，你将得到同样的回报；已经拥有的一切，自己要心存感激，同时，要相信你最终能得到你所希望的一切。在没有得到之前，可以在自己的意识里预先体验

第四章　释放自己最大的潜能

一遍，体验得到时的那种快乐。这种种方法，都是获得幸福的要诀。

多给他人帮助，你自己得到的帮助也会越多，永远不要担心我们的慷慨没有回报。而且，我们并不是一个人居住在这个世界上，我们需要别人，别人也同样需要我们。要尊重别人，要爱，而且是无条件的爱。

不过，一方面你要和别人保持亲密的联系，另一方面，自己的问题，我们应该留给自己解决。每个人都有自己的问题，并不愿意整天听别人唠叨他们自己的事。所以，除非别人主动向你问起，否则，这类问题还是留给自己为好。太多的抱怨只会让别人也受到传染。

有健康思想的人，是从不抱怨的。除非你的抱怨适得其所，刚好对象是能够帮助你解决问题的人，否则，那只是在消耗你宝贵的精力。

有健康思想的人，他既能让自己快乐，也会让别人快乐。他们还喜欢革新，喜欢创造，无论在艺术领域、在商业上、在金融业中，还是在他们私人的交往圈子里，我们都可以看到他们的创造力在发挥作用，它带来的是欢乐和无穷无尽的乐趣。

有健康思想的人，在他们周围，你还可以发现很多和他们同类的人。他们互相碰撞，互相激发，互相取长补短，共同进步；而和思想消极的人在一起，只会让你的情绪也低落，妨碍你的工作，浪费你的时间。所以，我们要多和那些能给我们帮助、能鼓励我们上进的人待在一起，多和那些能分享我们的欢乐的人交往，这时候，我们的欢乐是增加而不是减少了。

有健康思想的人，他们并不要求别人为他改变什么，他可以接受别人原原本本的样子，同样，他也能接受生活所发生的各种事实，这样一种从容的心态也为他们带来了灵魂的宁静、平和。相反，拒绝承认现实，拒绝接受这一切，只会让我们变得焦虑、傲慢、痛苦、难堪。

有健康思想的人，能够按照事情的本来面目接受它们，这种接受，就意味着放弃某种控制的欲念。那些无法接受别人的真实面目、无法接受事件的真实面目的人，永远不会懂得什么是真正的幸福和自由。

这里的接受是指，我们要意识到、要理解这一切，而不是去评判它。如果人们意识到生活中存在的各种现实状况，他们会克制自己的冲动，避免对它做出评判乃至那些改造现实的冲动。接受这一切，意味着承认他人同样有权利选择自己所希望的生活。

有健康思想的人，他们懂得宽恕的艺术。他们绝无抱怨，也没有憎恨。在他们看来，宽恕是无条件的；宽恕，就意味着拒绝以一种愤怒、怨恨的态度对待他人。宽恕可以给我们带来真正的自由，因为它可以使我们的一切消极思想和情感都化解于无形。

有健康思想的人，能够欣赏生活所馈赠的一切，甚至那些不能让他们如意的部分。因为他们会从这些不如意中学习。一旦你学会心存感激地生活，那么，你的世界就再不会有那些消极思想藏身的余地了。

每日箴言

想象力对于我们的生活有不可替代的意义。它既会带来美感的享受，带来成功的体验，带来你所希望的各种结果。同时，也有可能带来丑陋、失败和阴郁。至于选择什么，权利在我们自己手里。

——菲科普·康莱

这个世界有它自己满足人们要求的方式。如果你担心害怕，以为失败和贫穷会降临到自己身上，那么，不管你多么努力地在为成功而奋斗，这一切最终还是会在你身上发生的。如果你对自己没有信心，生活也会对你失去信心，你和美好的事物从此就无缘了。你渴望成功，成功就会来临。这一点，在商业上看得最明白了，对于它来说，勇敢、信心就意味着物质和精神财富的双丰收。

——普雷斯顿·布莱德利

热情有非凡的力量

热情是一条流淌在灵魂中的河流，只要它一直流动，我们就永远不会缺乏实现我们目标的力量。

——佚名

热情之所以有非凡的力量，是因为它能给人激励、给人鼓舞。一个在工作中投入热情的人，常常不会感到一丝一毫的疲倦、劳累，而且常常觉得自己有使不完的力气，能够完成平时根本不可能完成的事情。

热情可以使你的人生获得一种向前的动力，它可以帮助你把自己的想象变成现实；而离开了热情，即使你有很大的潜能，也根本无力去实现它。

热情还有一个作用，它能够感染周围的人。他们目睹了你的热忱，不仅会被你带动，也会以同样的热情投入到生活中。

热情是生活中最缤纷多彩的部分，它可以驱走我们心底的阴郁、恐惧和失落。

在我写下这些话的时候，我就能感到自己被热情占据。我相信这些词语的含义，我希望你们会和我一样地相信。在热情面前，永远没有失败，也不知道机遇是何物，它凭借的，都是自己的努力。

只要一直帮助别人，时刻记得为他人服务，让自己有所追求，让自己与和我们同样热情的人在一起，我们的热情就永远不会消失。

通过上述，我们已经知道热情蕴藏着怎样的力量，现在，我们要了解的是，如何使这种热情用于有积极目的的事业上。缺乏足够的自我支配的能力，你的生命将会混乱不堪，你即使有了不起的才华，却不能把它用到建设性的目的上，它的后果将十分危险。

再有，缺乏足够自我支配的能力，会使我们的生活都被那种破坏性的激情占据，包括恐惧、憎恨、妒忌等。只有能够支配自己情感的人，才能支配自己的命运。

只有学会自我支配，我们才能变得更坚决、更果断，因为我们知道，我们的决定并不是在别人的影响下做出的，更没有受到那些自己情绪很消极的人们的不良影响。

有了自我支配的能力，那么，你就可以通过运用自己的想象力使自己成为一个有行动能力的人。这时候，你不会有憎恨报复

第四章　释放自己最大的潜能

的心理，你也可以避免在自己的经济收入、职业生涯和个人生活中任何破坏性的行为，从而真正支配自己的一切。一个能够自我支配的人，他还会懂得宽恕，这一点也非常重要。

自我支配就意味着要控制自己的思想意识。一个能够主宰自己思想意识的人，他所展现的，正是一种自我支配的能力，因为他是由自己，而不是由外界的什么力量来决定自己的想法。事实上，在那些对我们生死攸关、涉及我们终身命运的思想上，我们完全可以自己拥有绝对的支配力量。

对自己思想的支配，进而自我的支配对于发掘我们的潜能意义极为重要。专注于自己的成功，尽力摈除那些消极负面的思想，而且，自我支配还可以使你有足够的判断力，可以不必受制于外界的评价、建议。

一个能够自我支配的人，他会有足够的时间反省自己，客观地评价发生的一切，而不是让自己成为一种对外界刺激消极被动的反应物；这时候，它会帮助你镇静、从容，而不是慌乱，不能克制自己的情绪。

只有自我支配的人，他才可能获得成功。

每日箴言

我们的思想是打开世界的钥匙。

——塞缪尔·麦克格罗什

做一个正直的人

品格的发展并不是在一帆风顺中完成的。只有不断地尝试，出现错误，甚至遭遇不幸，我们的灵魂才能变得坚强，我们对未来才能看得清晰，才可能树立雄心壮志，并最终获得成功。

——佚名

"己所不欲，勿施于人。"希望别人如何对待你，你也需要同样地对待别人，要诚实、守信，这些都是成功所必需的。例如，如果你现在在和别人进行商务往来，那么，你应当注意创造一种双方都能得利的局面，而不是只希望从对方那里索取，全然不顾对方所付出的代价。

要信守自己的承诺。对于自己不能完成的诺言，就不应该去许诺。这在小事情上适用（比如按时赴约见某个陌生人），在大事情上，比如对家人或者商业伙伴的承诺，也是适用的。

实现自己的目标固然让人快乐，然而，这种快乐只有不是建立在他人的牺牲的基础上，才是真正的快乐。生活中当然充满了各种各样的竞争，需要我们做出最大的努力，比别人表现得更为出色，从而击败对手，获得成功，然而，这并不意味着我们可以用谎言、欺骗甚至偷盗等卑鄙手段去追求成功。即使其他人这么做，也不能成为我们采取同样行动的借口。

生活中真正值得我们追求的目标，都有必要以一种诚实的态度去获取。虽然表面看起来，这类似于作茧自缚，其他人可能会运用我们所不齿的手段走了捷径，从而使我们在竞争中处于不利地位，然而，只有不违背我们的伦理观念，只有符合我们对正直、诚实这些道德品质的追求的成功，才是真正的成功。

如果你渴望的是真正的成功，你一定要做到诚实。

每日箴言

无数的善行也许可以换来一个好名声，而一桩丑行就可以让它毁于一旦。

——杰弗里勋爵

第五章

让自己活得自由自在

不要担心自己的生活遭到了毁灭

停泊在港口里的船固然安全，可那并不是我们造船的目的。

——约翰·谢德

通常，人们把安全视为某种自由的保证，也就是一种可以使人免于焦虑、危险、剥夺和恐惧的自由。看起来做到这一点似乎并不难。

可是，在我和一些人的交谈中，我发现他们对安全有截然不同的理解。在他们看来，所谓的安全就是能够预先知道生活中将要发生什么。所以，他们希望知道，自己未来是否能够有足够的收入，是否会有房子、稳定的工作和忠实的伴侣。然而，这里的安全其实并不是真正的安全，因为所有物质上的财富、所有已经建立的关系，实际都可能在一夜之间就烟消云散。真正的安全只可能来自于我们的内心，它实际上考验的是，我们能否以一种平常心对待我们的所得所失。事实上，我们所能够获得的，而且可以永远保持的，就是这种安全，只有它可以帮助我们度过危机。

很多人希望看到生活中没有任何意外和变故发生，认为这就会给他们安全的感觉。譬如，他们希望住所、工作都能够长期不变，不会发生什么事情迫使他们变更自己的生活方式。然而，这种心态的背后，却蕴藏了让他们感觉不安的种子，因为他们太信赖外在的种种安全，所以不免整天感到忧虑，唯恐失去他们在工作、住所和婚姻上已经得到的一切。

如果太过看重外在的安全，还有一个坏处就是，它可能会妨碍我们在生活中进行新的尝试、新的冒险，涉足新的领域，发掘生活的新的可能性。这种安全会使我们失去太多的东西，生活中本来应该有的激动、挑战、刺激，都会被这种安全要求驱散。如果我们认为，让生活保持现有的轨迹就是最安全的保证，我们就放弃了进步，放弃了生活。越出常轨，这确实有可能使我们遭遇各种意外事件，然而，如果不去尝试，我们就会永远停留在无知的状态。

为此，我们需要离开我们自己规定的这个安全区，去发展真正牢固的安全感；一旦拥有了这种内在的安全，那么，即使生活发生了一些意外事件需要你改变自己的生活方式，你也不至于因此就担心自己的生活遭到了毁灭。

生活应当包含一些全新的体验，对一些未知的、神秘的领域的体验。可以说，这种体验正是我们生活中进步与欢乐的源泉。因此，对于未知的事物完全不必心怀恐惧，也不必费心做那种无谓的尝试，试图把生活中的方方面面都预先规划好。让生活多一些意外，多一分弹性，这对你是更好的选择。事实上，总是重复，我们又怎么可能有新的收获、学到新的东西呢？生活并不能预先确定，我们要正视这个事实，要随时愿意改变自己的常规，去寻找、接受未知事物的进入。如果你对自己拥有信心，——正如我对你抱有的信心那样——那么，没有什么事业是你无法担当的。再有，要不怕冒险，敢为人先，而不是凡事都循规蹈矩，恪守旧习。运用你的想象力、创造力去拥抱新的体验吧，这样，生活中的一切单调枯燥都会与你无缘。重要的是要勇于开拓，要愿意拓宽自己的视野，丰富自己的经历。

你可以为自己的生活带来很多变化，可以找一个新的地方居住，每天见一些新面孔，换一份更让自己兴奋的工作，甚至衣

着、饮食，都可以尝试改变。做一些从前从来没有经历的事情，你会感到高兴的。如果经常按照这样的方式锻炼自己，那么，很快你就能够拥有真正的安全感。

每日箴言

一旦寻求安全感成为我们生活的主要内容，那么人类生活就会日益变得狭隘、封闭。

——加布里埃尔·马塞尔

学会享受生活

生活中并没有一成不变的安全，有的只是一个个的机遇。

——马克·吐温

你要往哪里去？到了目的地，你又想做些什么？然而，比这更重要的问题是，你如何到达你的目的地？

为了最终的目标，我们需要付出各种努力。然而，这些努力的意义绝不仅仅在于它们是达到目标的工具，它们自身就是有意义的。我们每个人都会有一些期待已久、可能需要很长时间才能实现的目标，这种时候，如果我们整天想象目标一旦实现的场景，那其实是浪费时间，因为那样的时刻未必每一次都会变成现实。

人应该生活在今天，生活在此时此刻。如果我们只是为了将来而生活，只是为了将来某一天我们的目标能够实现而生活，那么，我们今天的生活除了作为一种铺垫之外就毫无意义可言了。

而且，如果我们的一切只是为了将来，为了实现我们的某个目标，那么，这个将来将会永无止境，因为我们永远有未完成的目标需要实现；实现了一个，很快又会有新的目标出现在我们面前。所以，这也是我们必须把握现在、必须生活在现在的一个理由。

目标、成功当然重要。每个人一生都会需要一些目标，需要为自己设定的目标去努力，但并不是只有目标最终实现才有意义，努力的过程本身也会带给我们巨大的快乐。所以，我们一方面要努力实现自己的目标，另一方面，也要学会享受生活本身。

抛开过去，把握现在

没有历险的生活，几乎可以说是没有在地球上生活过。

——佚名

社会上，有许多人专注于物质财富，他们常常处心积虑，就是为了在这方面与别人比个高低。于是，他们忙于为自己添置各种电动玩具、布置新居、购买汽车，还有其他能够象征身份的消费品，对于真正让自己内心感到的事情则无暇顾及。因为物质上的欲求是难有止境的，所以他们也很少再有时间来享受生活。

我们可以看到，他们所追求的都是一些外在的目标。对于他们，得到了那些物品就意味着目标的实现，至于享受生活本身，和他们的目标并没有关联。

我们每个人都应当学会以感激的心情享受生活。我们应该重

第五章　让自己活得自由自在

新审视一下自己，看看自己是如何安排每一天的。生活并不是从你实现未来目标的那一刻才开始，它现在就在进行。

很多人喜欢为自己的未来制定各种计划，树立很多目标。然而，如果他们始终不停地在为未来奋斗，把自己都用在这上面，可以说，他们是永远不会成功的。成功就是我们的旅程本身，而不是终点。

今天是你唯一切实握有的时间，你不能等待将来某一天你会幸福，不能等到自己终于有了一大笔钱、一个宽敞的家、一段悠长的假期才考虑自己的幸福。因为你每实现一个目标，又总会有新的目标吸引你，而这会让你永远无法享受到生活的快乐。

我们要学会不把祝愿、希望留给将来，而是现在就开始尽情地生活，每一时每一刻都感受到自己真实的存在，而不是只在某些重要的时刻才感到欢乐。

另一方面，把现在的时间都用来回想过去，这也是无谓地浪费时间，而且也是弊大于利的。过去无论发生了什么，终归已经过去，无论我们怎么思索结果都无法改变。唯一可以做到的，只是吸取其中的教训，利用它的经验作为自己未来进步的阶梯。至于为自己过去所犯的过失自责，这除了消耗你现在的精力、浪费你宝贵的时间之外实在没有别的用处。

如果过去自己曾经做过一些不该做的事情，那么，道个歉，但不要一直生活在悔恨中，那毫无用处。

抛开过去，是我们内心获得自由的关键。不要让过去的经历左右你现在的生活，要敢于丢弃过去的信仰、过去的种种约束，为自己寻找更大的自由；要做一个面向现在，而不是停留在过去的人。不要总是检讨自己，哪件事情应该做，哪件事情又不应该做，你完全可以吸取它的教训，在将来做出不同的决定。

在幼年时期，我们可能受过一些教育，接受了一些对我们今天已经不再有帮助的信念，我们大可不必让这些信念支配我们一生的生活。我们要有自己独立的思考，要有自己的鉴别力。我们拥有选择的自由，可以按照自己喜欢的方式去行动。我们应该为今天的生活干杯。

有些人之所以无法生活在现在，是因为他们太专注于未来的某个目标。这个目标对他们来说关系重大，为了它，他们甘愿放弃现在的每一天。

其实，不论你对未来做怎样的构想，它总是会降临的。如果你按照自己的梦想、自己的目标一步一步去做，那么，你完全可以在享受到幸福成功人生的同时，也获得经济上的收益作为回报的。

事实上，我们在沿路上所付出的努力、所经历的斗争，也是可以带给我们很多享受的；过程本身就是目的，它有自己的意义。如果你可以不考虑经济的收支，执着地做自己喜爱的事情，你可以每一天都感到乐趣。事实上，如果我们从事的是我们真正热爱、真正擅长的工作，那么，生活在现在、生活在今天，这比较容易做到。

可是，很多人却是终日和自己并不适合的职业打交道，他们没有时间去辨认自己的能力、热情所在。譬如，在大学，他们选择专业很可能考虑的是，它的经济前景如何，或者它是否容易获得学位等。

然而，我们应当做的是，按照自己的实际兴趣去选择职业。让自己生活在今天，而不是念念不忘如何赚钱。钱总会有的，完全不必费神为它忧虑盘算。

当我们意识到自己有某种需要的时候，问问自己为什么有这种需要，这对我们非常有帮助。知道了其中的原因，知道了它对我们为什么重要，在遭遇不利和挑战的时候，我们才会有坚持下去的决心。而像对金钱的需求，如果只是为了金钱本身去追求金钱，那么无异于一种偏执，金钱只有放在适当的位置上才有它的意义。一旦我们获得了成功，金钱自然就会接踵而至。赚钱本身并不能保证我们拥有幸福成功的人生；在生活中，我们应该有更高的使命，而金钱则应该是它附带的结果。

生活并非还没有开始，它经开始了，我们应该现在就把握生活，把握幸福。可是，有许多人经常会告诉自己："我是很喜欢做这个，等我以后生活好一些，我再来做吧。"于是他们一直等待，希望等到自己有了时间、有了钱、有了理想的伴侣，或者是减了肥以后，再来做自己想做的事。这并非生活在现在，这其实根本没有在生活。

你应该现在就开始做你想做的事情，现在就开始享受每一分每一秒。幸福是不可以延期享用的。如果我们希望的东西现在还没有得到，那么，就应该马上想办法得到它。

你为自己规定的目标，应该是学会如何使自己全神贯注，投入到你所热爱的事业中，不受任何外界环境因素的干扰。如果你是在往这个方向努力，那么，你将获得此前无法想象的一种灵魂的安宁和生命的目的感。

你不妨试着问问自己，每天的生活是怎么过的？是否在为过去的事情而懊悔惋惜？是否希望将来某个时刻，譬如在有了钱、有了轿车、有了娇妻之后，自己就可以说是幸福了？记住，一定不要把自己的生活寄托在远方，寄托在别处，从而破坏了你眼前的生活，也不要把自己现在能得到的快乐延期到以后享用。此外，还有一点，外部给你的回报并不能让你幸福。

未来很少会按照你的期望发展，所以，要让自己从"将来我可以幸福"这种诱人的陷阱中挣脱出来。我们需要把握今天的欢乐，因为你生活在今天。

当然，我们仍然需要为将来制订计划，然而，我们不应该太执迷于此。我们要享受现在，享受今天的欢乐，我们应该去选择一种愉快的生活，一种自由的生活。我们应该为了今天去生活。

每日箴言

安全的需求，可以说是所有伟大、高尚事业的拦路虎。

——塔西佗

想象力对于我们的生活有不可替代的意义。它既会带来美感的享受，带来成功体验，带来你所希望的各种结果，同时，也有可能带来的是丑陋、失败和阴郁。至于选择什么，权利完全在我们自己这里。

——菲利普·康莱

渴望一种彻底的，没有任何风险的安全，是那些从来没有真正感受过欢乐的人的一贯作风。

——玛丽·沙弗

第五章　让自己活得自由自在

充分发挥想象力

想象力是人类的一个秘密宝库，专门收藏人类自身蕴涵的丰富性。

——毛德·弗兰德森

每个人的想象力都完全掌握在他自己手里，没有人可以剥夺他的这种权利。这种想象力，它既是解释性的，又是创造性的。

我们的想象力可以利用旧的思想，用它来服务于新的目的。而我们灵魂创造的力量，也正来源于想象力。本书所提到的许多性格品质，也都是最先在想象中开始的，借助想象，我们的思想转化为各种方案和主意，而后又再进一步转化为现实。

想象力对于一个人能否实现自己的使命，能否过上一种幸福的生活，有着举足轻重的影响，我们不应该低估它的力量。事实上，我们对它越是加以利用，收获就越大。正是借助我们的想象力，我们才可以把各种错误、失败都转变为一些非常有价值的经验教训。它还可以给我们各种指导，帮助我们重新确定自己努力的方向，为自己找到一条最有建树的道路。

一个人如果能够把想象力和行动结合起来，他未来的成功将会让他自己都大吃一惊。任何一个懂得运用自己想象力的人，都会体会到它所带来的好处；任何一项业务，也都需要有想象力的人参与执行。

一个人处在危难中，遇到挑战的时候，正是他想象力发挥到极致的时候。如果他的周围充满了敌视、作对的力量，他的想象力也会因此而趋于活跃。各种压力的环境都会逼迫我们动用自己的想象力，通过运用想象力，我们将失败看作机遇。

你的想象力将引导你走向一条通往财富、成功和伟大功勋的道路。

每日箴言✍

人的心灵一旦接触到一种新的观念之后，就绝无可能再返回到原先的方向上发展。

——奥利弗·温德尔·霍尔姆斯

培养自律自制的能力

知识是欲望的审查官，也是灵魂的领航员。

——威尔·杜兰特

一个高度自律的人，才可能控制自己的激情，支配自己的命运。而对于自律来说，很重要的一个方面就是不能放纵自己的欲望，为了寻求当下的满足，而以牺牲未来为代价，这会对你的事业造成无法弥补的损害。

这种自律的要求，表面看来似乎和前面提到的要生活在今天、生活在现在的人生哲学相矛盾，然而，事实并不是这样。

所谓自律，并不是要排斥日常生活中的幸福快乐。然而，只是贪图眼前的享受，丝毫不计它对你的目标可能造成的损害，这却是不足取的。自律的人能够看到现在的行动和将来的结果之间的联系，他会为了将来而暂时牺牲眼前，约束自己。

要做到自律，关键的一点就是多考虑行动的后果，要让眼前

第五章　让自己活得自由自在

的行动和长远的利益一致起来，妥善处理两者的关系。一个自律的人，他的行动并不是听任欲望支配的，他有自己的信念、价值、目标和对未来的憧憬，这些才是他判断行动与否的准则。

自律还意味着，你要做一个领导者，而不是追随者；你要保持自己的独立，甚至不惜做一个在众人眼里离经叛道的人，而不是让社会决定你的行为。

自律的另一层含义是，不要鲁莽行事，逞一时之快。这里，关键是培养自己的一种大局意识，凡事都以自己的目标为重，不受外界过多的干扰。

每日箴言

当今这个时代，真正的大学就是书籍。

——托马斯·卡莱尔

打开成功的大门

成功来源于行动

千里之行，始于足下。

——中国民间谚语

成功并非什么要费九牛二虎之力才能做到的事情，它不需要你有额外的禀赋，不需要什么专门的学历，也不需要特别的门第，只要你能够听取前面所讨论的众多原则，按照它指导自己，而且，生活中不要失去热忱、激情，最重要的是，对他人保持一种积极健康的心态和关系，有了这些，成功自然就会惠顾。

既然这样，为什么还在等待、观望，不立即去行动呢？

决定成功的因素不在于我们拥有了多少，得胜了几回。成功并不是以我们的占有来衡量的，它是一个过程，是一种生活方式，它更看重的是，我们是否有回报世人的诚心和能力。所以，在这个意义上，与家庭、朋友的和睦关系，健康的体魄，就和那些关系重大的成就一样，对你的成功来说是同等重要的。

人们常常从收入、衣着、家居、打扮上去衡量人的成功与否，这里的原因不能不归咎于媒体的渲染，还有大家的人云亦云，从而虚构出了一套成功的准则。事实上，如果我们把财产收入、衣着容貌作为成功的衡量尺度，那我们永远无法安心、知足，因为在这些方面，永远会有别人强过我们。

所以，如果我们希望的是一种幸福快乐的生活，我们应该自己决定成功的含义，而不是屈从社会的压力，把流行的成功尺度作为自己的尺度。

试想，一个没有健康的身体、没有找到人生的真爱、生活没

· 112 ·

有更高目标、不能赢得别人尊重的人，即使宝马香车，又有什么意义？生活中我们可以看到，很多有钱人生活并不快乐。通往成功的金钥匙并不在外界，它就在我们的内心，就在日常点滴的生活中。

在追求成功的道路上，并没有真正的胜利者和失败者。这里，胜利和失败已经不能用通常的意义去衡量。固然，人天性有高低，术业有专攻，别人能做到的，可能我们未必能够圆满完成，但这并不意味着我们就被拒于成功之外。只要付出努力，无论结果如何，都可以说是胜利者；失败的，只是那些不敢尝试的人。

我们不必按照社会规定的标准去生活，也不必拿自己和别人对比。我们每个人都是独一无二的，我们所要做的，只是和自己比赛，要让自己变得更好。不要用别人的成就来衡量自己，要珍视自己的价值，按照自己的意愿去生活。

成功与否，并不在于我们是否有能力打败别人，而是看我们是否能够把自己的潜能最大限度地发挥，是否能够把它用到对自己有意义的方面，看是否能赢得他人的尊重和信任，是否关心他人，实现真正对自己有价值的目标。

我们可以把一生的时间都用在积累财富上，然而，如果财富对于我们的意义仅仅在于它本身，而不能帮助我们去做其他有意义的事情，那么，我们实际并没有达到真正的成功。即使把世界上所有的财富、知识和才华都集于一身，如果你不会加以利用，来服务自己的目标，那它全然是些废品。

生活中我们要坚守自己的价值和原则，不要为了自己的财富或者权力就去做损害他人的事情。相反，我们不应该吝惜这一切，可以把它施与别人，最终我们会得到更多的回报。成功就在于我们是否有能力过一种有目标、让自己满足的生活。

我的时间都在研究成功，我发现，有很多人仍然把占有物质财富等同于成功。这些人里面，多数的人对自己其实看得并不高，有些自卑。他们经常试图去向自己、向朋友或者别人证明什么，他们渴望获得承认，他们的一切努力都是为了补偿他们那个其实弱小的自我，因而，他们就更没有时间去对别人嘘寒问暖了。

真正的成功需要我们首先拥有自尊。我们不需要向任何人证明自己，那些时间应该花在如何帮助别人上。我们也不必大吹法螺，向别人炫耀自己的成就，我们更应该做的是倾听别人。成功不是得到了什么，而是我们如何生活。成功只能归于一时，而不是一种永恒的存在。譬如，如果按照有些人的看法，成功就意味着财富，那么，如果发生了不幸使他们失去了财富，他们是否突然就成为失败者，就不再成功了呢？其他的，比如住宅，比如投资的收益，一旦标准降低，是否人们一夜之间就不再成功了？

生活每天都在变化，财富可能会来到，也可能流走。成功所表示的不是到达某个地方，而是旅途上的努力。我们应该让自己的生活既对自己有益，也能让别人因我们而获益。成功意味着无论我们走到哪里，哪里都会因我们曾经出现而变得比原来更好、更健康，哪怕我们留下的只是一个笑容、或者一种让人快乐的思想。

我们对自己有了更高的看法，就等于为成功的到来打开了方便之门。一个对自己评价不高、看法悲观的人，他是永远没有可能成功的；同样，一个生活在妒忌、敌意中的人，也不会得到真正的成功。

每个人的自我价值取决于此时此刻我们对自己的感觉。过去的一切只能代表过去，而不能说明现在。你的教育程度、外表容貌，或者你的经济状况，所有这些，都是一些外在的因素，并不能决定我们是什么人，我们会实现怎样的成功。只要愿意，我们可以打破外界加给我们身上的一切局限，去追求自己的成功。

提高个人的自尊对于实现成功也非常有帮助。所以，我们无论在思考，还是在言行中，都应该表现出一种乐观自信的面貌，克服那些消极有害的思想、情感，多和乐观的人交往，这些都有助于提高我们的自尊。

不要让热情、激动离开我们，每天的生活中都应该有这些内容。我们还要把微笑、把喜悦带给别人，让他们也去同样的生活。我们要在每天的生活中，要在每一件事情上，都努力感到乐趣。

少谈论自己，多倾听别人，忘记以往命运对你的不公，多为将来谋划。把握自己的思想和行动，不要让它们受到家庭、朋友、同事或者媒体的左右；进而，把握自己的人生。这里，最重要的是要记住：成功并不是一个你要去达到的目标，它就体现在你日常生活的每一刻。

每日箴言

林肯的伟大不在于他出生在他的那个小木屋，而在于他走出了那间小木屋。

——詹姆士·特鲁斯罗·亚当斯

生活中很多失败的例子都是因为人们在放弃的一刹那不知道自己离成功有多近。

——托马斯·爱迪生

第六章 打开成功的大门

如果你有幸成功了，要记住，曾经在某个时候、某个地方，有某个人曾经推过你一把，帮你找对了自己的方向；还要记住，你应当向生活偿还这笔债，如果有一天遇到了不那么幸运的人，也要向他伸出援手，就像当初有人向你伸出援手一样。

——佚名

成功的关键因素

跌倒七次，第八次就站稳了。

——日本民间谚语

成功不取决于外表，不取决于家庭，不取决于教育程度，不取决于智力水平。生活中不乏四者兼备的例子，有良好的家世、迷人的外表、名校的学历，而且确实聪明过人，然而终其一生我们也没有发现他们做出什么成就，反而一直生活在焦虑、挫折之中，遇事优柔寡断、犹豫不决。另一方面，机遇对成功也不能起什么作用。

事实上，决定成功不成功的，并不是什么单一的因素。在那些成功者的身上，是他们整个的态度、行为才决定了他们最终的成功。

同样，你的态度、行为也将同样决定你的成功与否。如果你能够在知识上孜孜以求，不倦学习，对他人能表现出同情、尊重的态度，成功的大门必定会向你敞开。对成功来说，知识确实是一个必不可少的环节，你只有通过各种方式，比如阅读、请教专家学者、借助磁带学习等方式，获得必要的知识和能力，以便自己能够做出明智合理的判断分析，只有这样，我们的才华才能够进一步获得提高，从而为最终的成功打好基础。

我所以建立"自我完善中心"，原因正在于我认为正规教育无法指导人们如何才能取得成功。掌握一些事实数据这固然是很重要的，但同样重要的还有如何运用这些事实数据。在我们中心，我们告诉人们的就是，怎样才能表现出创造的精神，怎样才能有健康积极的人生态度，怎样为自己确立目标并且达到目标，怎样与别人保持良好的关系。

我曾经用这本书里所讲述的技巧建立了许多成功的企业。这些企业所经营的都是一些我喜欢的领域。这里，我并不是要怂恿那些在校生都退学创业，毕竟，正规教育也有很多好处。我想强调的只是，单单学历本身并不能把成功所必备的条件带给人们。实际上，成功取决于人们如何运用他们所掌握的知识。

世界上任何一项伟大的发明或者业绩，它最初都开始于我们的想象力。想象力可以帮助我们达到目标。我们应该运用想象力，帮助我们克服自身的软弱，帮助我们坚强。我们还需要克服我们的褊狭、犹豫、妒忌和恐惧，代之以勇敢、坚忍、同情这些正面的、积极的品质。有了这样的品质，人们自然会被你吸引，成功唾手可得；这些品质还可以帮助你在财富、幸福和健康等方面都获得丰收。

我们可以假定现在你要和两个人做生意，他们给出的产品、价格都一样，不过一个是乐观积极的人，而另一个则要忧郁消极得多。那么，你会和谁做生意呢？答案显而易见。要记住，人们做生意的时候也是愿意和自己喜欢的人往来的，所以，职场、还有生意场上的成功，包括其他一些方面的成功，都要看你是否拥

有良好的个人品质。

如果你是个面目可憎、语言无味的人，让周围的人都不舒服，看待事物悲观消极，成天抱怨，可以想象，别人是不会愿意和你待在一起的，没有谁会愿意和你做朋友，或者有业务上的往来。

成功取决于生活是否有某项目的、有某种使命。所有伟大的政治人物，他们都有一种目的感，而且为它努力。他们抱负远大，行动果断，目标集中，这是他们成功的关键。

我们如果希望获得成功，那么也必须效仿他们为榜样。我们不需要其他人为我们确定生活的目的，我们要自己去寻找；我们应该精神振作，踏上征途，运用我们自己想象力的力量，发现生活的意义和目的。

我们需要一段时间独处，以便辨认、确定自己真实的目标和意图，再把它写下来，和那些理解、支持我们的人交流、讨论，再想象一下自己已经实现这些目标的情景。然后，开始着手学习一切必要的相关知识，自己去探索、实验，找一个导师、阅读、研究。还有一件要紧的事情，注意寻找和自己志同道合的人，大家共同努力。

每日箴言

所谓失败，只是在你通往下一个成功的道路上的一个小弯道。

——丹尼斯·卫特里

爱迪生为了发明他的白炽灯做了上万次的实验都以失败告终。这启发我们，如果遭到一两次失败，事情不能按计划进行，一定不要马上就泄气，就打退堂鼓。

——佚名

获得成功的艺术

世界上有三类人：有做事的人，有袖手旁观的人，还有发生了什么自己都莫名其妙的人。

——佚名

凡是生活中真正有价值的东西都值得我们付出努力，成功属于能够克服阻碍、做出牺牲、认准目标、坚定不移的人。他们善于学习，能够从书本、从与他人的交流中、从生活的经历中学习，然后，能够把学到的知识为己所用。他们是在真正向着他们的目标迈进，在努力把世界变得更加美好。

我们每个人都有能力，也有权利选择自己希望的生活。如果我们内心对成功有真正热烈的渴望，那时候，只要我们能坚定信心，心态健康，多实践，成功一定会来到我们面前。

不同的人，对成功有不同的理解。对有的人，它意味着腰缠万贯，衣食无忧；有的人以为成功就是生儿育女，孩子聪明伶俐；也有的人追求事业的顶峰，认为这才是成功的真谛。不论我们怎么界定，事实上，只要我们有端正的态度，就一定能够实现我们所认为的成功。态度决定一切，无论是幸福、成功，还是健康。

我们应当学会享受工作本身，在工作中发现乐趣，在生活中找到激情，在失败中寻找教训。要愿意为了目标付出额外的努力，要有协作精神，乐于助人，保持热情。

如果你过去曾经在成功的道路上遭遇过挫折，那么，你首先要做的一件事情是摆脱从前的阴影，恢复自己的信心。要在脑海

里为自己塑造一个成功的自我形象，要相信自己将会拥有一个幸福成功的未来，相信自己的才华和抱负。目标要远大，人格要正直。要用心灵支配自己的思想和愿望，要避免发脾气，凡事不要胆怯，要克服思想中的消极成分，要避免凡事先有成见。

要学会与人共事，要善良、有同情心，处理矛盾的时候要多一些妥协，少一些对抗。要学会用各种方式帮助自己实现成功，比如自我暗示、想象等。每天要坚持学习，丰富自己的知识，提高自己的智慧，多读、多听、多学。重视自己的经历，也要善于从他人的经历中学习。

不要害怕变化，而是要迎上去，拥抱它。吃一堑，长一智，不要放弃从失败中学习的机会，要寻求各种挑战，要敞开自己的心灵，去迎接生活中无限丰富的可能性。要让自己成为一个行动的人。

一个人的成功还在于他帮助他人成功。能够帮助他人成功的人，才是成功中的成功者。在别人需要的时候，要多给他们一些自信，多激发他们的热情，让他们感觉到你对他们的信心。还可以给他们各种建议，帮他们寻找各种范例，激励他们，指导他们，去追求幸福、成功、美德、财富和智慧，所有生命中值得追求的东西。

在帮助别人的过程中，你也能获得真正的幸福和财富。和他人分享你的一切，但不要希望回报。你最宝贵的财富就是那些你可以和他人一起分享的东西。你给予越多，未来的回报越大。把鼓励、希望、友爱，把你的笑容，还有你会让别人感到高兴的思想，都和人们一起分享吧。

我们的生活，不应该仅仅是为了自己，也要有益于世界。我们需要的，不仅仅是生存，而且要有生活。要养成尊重他人的习惯，要诚实，要履行自己的责任。

真正渴望幸福的人，会把幸福也带给别人。不必急于为自己寻找更多的幸福，随身带着它，在路上把它分享给别人。

去寻找真理，去让自己时刻保持活力。要看着未来，而不要留恋过去，多和理解支持你的人交往。所有这一切，就是我能给你的关于成功的忠告。

每日箴言

成功是一段旅程，而不是路的终点。

——汤姆·科拉尔

一项成功的事业所需要的全部初始资本是：一颗健全的心灵，一个健康的体魄和一种发自内心的渴望，希望能够为尽可能多的人提供尽可能多的服务。

——拿破仑·希尔

成功需要我们承担所有的后果

梅花香自苦寒来。

——朱熹

成功的一个重要方面是，看你是否具备为自己选择环境、创造环境的能力，一种适宜的环境可以为你提供很多帮助，使你更为便捷地实现自己的目标。

交友要慎，心态要好。多看对自己有益的读物，选择一个有

助于你成功的物理空间。多花一些时间在学习上，争取在自己的领域内有所建树，自成一家。集中精力，不要四面撒网，多学习一些有助于你成功的知识，多经历一些有助于你成功的体验。

追赶目标的时候，要把过去抛开。无论你过去如何，你都可以成为自己想成为的人。

边学边做，经历是必要的。合理分配时间。有意识地去做一些过去让自己感到恐惧的事。

一旦知道自己真正的愿望，就应该克服恐惧，变失败为成功。一旦获得了必要的知识，成功将唾手可得。刻苦磨炼，你的技艺提高，自信心也会随之增长。

你可以实现自己的一切愿望，你可以调动自己的潜能去获取成功，你能够掌握必要的知识和智慧，能够实现自己的梦想。这一切你都能做到。

也许你觉得心有余而力不足。可能你需要重新对自己的愿望做一个判断。你有什么梦想？至少会有一个吧，也可能有很多。去重新找到自己的梦想，然后实现它，去改善自己的生活，同时也帮助别人改善他们的生活。

要过一种有意义的生活，应该把你生命余下的时间用在自己真正热爱的事情上。你可以按照自己的选择去生活；对现在的生活不满意，那么，就换一种新的；你应该做的是，去尝试，去冒险，去迎接挑战，去探索未知的世界。

恐惧是我们的大敌。它破坏我们积极的人生观，打消我们的主动性，阻止人们去做他们真正想做的事情。它让人们回避变化，拒绝挑战，它是一种消极的力量。

不过，我们也可以把这种消极的力量转化成积极的力量。这要靠我们运用自己的心智，当意识到恐惧在内心滋长的时候，调节它的方向，使它转变为一种热情、兴奋。这是可以做到的。因为在我们忧虑害怕的时候，我们的身体会经历一些物理变化，这些变化和我们人体在兴奋时产生的变化是一致的。所以，在恐惧发生的时候我们可以改变我们的反应方式，可以把它所激发的能量和身体变化用到更积极的方向。我们可以把恐惧用作催化剂，而不是拦路虎。所谓的勇敢，并不是不感到恐惧，而是虽然身在恐惧中，却能作出明智的反应。

人们常常因为恐惧而放弃了行动，他们害怕行动会带来消极后果，害怕自己露丑，或者害怕蒙受金钱、时间上的损失，于是不敢做任何决定。

然而，成功必须借助行动。不要太让自己注意那些消极的后果，而要多考虑可能的收获，否则你将一事无成。

不做决定，就意味着你将维持原来的生活不变，意味着永远与成功无缘。成功需要我们下决心，需要我们行动，需要我们承担所有的后果。

每日箴言

成功的风筝往往只有在逆风，而不是在顺风中才能放飞。

——佚名

每个人应当明白一个道理：如果他希望成功的话，就应该有恩必报。

——爱德华·哈里曼

第六章 打开成功的大门

没有代价，就没有成功

成功的路永远在施工中。

——佚名

一个渴望成功的人，必须甘于做出各种牺牲。他必须为了梦想去辛勤工作，必须乐于去做一切成功所必需的事情，必须要有一种献身的精神，献身于他自己，献身于他的目标。要发挥自己的独创性，要愿意去掌握各种必要的知识，提高自己的能力。

他必须从现在就开始行动。要养成一种良好的习惯，必须完成的事情，就及时完成。

这并不是说，他第一次接手就必须把什么都做好，这是一个太高的要求，没有人能够达到。我们都只有在实践中学习。重要的是，不要害怕被人嘲笑，要敢于行动。一个不行动的人，只能等待天上掉下馅饼来，只能寄希望于运气。

对于不可预知的事情，要处之泰然。应该把生命看作一场冒险，要勇敢大胆，不拘一格，解放自己的想象力和创造力。要为自己找到一条独一无二的旅程。敞开心灵，多听，多学，把握机会。

如果满足于平庸，那么就不要希望自己还能有更大的成就；如果是过于慵懒，或者是过于胆怯，不去为自己希望的生活而努力，那么成功永远是可望而不可即。

要得到理想的结果就必须付出劳动，只有美丽的心愿并不能使自己的梦想成真。这里，劳动并不会那么枯燥，因为我们所做的，正是自己希望从事的事情，所以在为之付出劳动的过程中，我们也会满心欢喜。这时候，无论是在为结果而努力的过程中，还是在最终达到结果的刹那，我们都会感到快乐。

每日箴言

每个人的内心都有一种巨大的力量在那里酣睡着，直到有一天，强烈的渴望和行动决心把它从梦中唤醒。

——爱德加·活沃森·豪

能否成功取决于对生活的态度

想要自己什么也不是，那么只要什么也不做就行了。

——爱德加·沃森·豪

我们能达到怎样的成功，这取决于我们的意识。事实上，我们可以成为自己所想象的样子。我们是希望去支配自己的思想，还是被思想支配？是将我们有限的生命用在对社会有益的事情上，还是让它无声无息地消失？

环境并不是最重要的决定因素。真正重要的是，我们面对环境的态度。我们不应该让恐惧成为我们实现梦想的绊脚石，失败、挫折恰恰可以转变成为挑战。

要投入到生活中去，要成为你自己。要追求自己的目标，同时，也记得把手伸给别人。

要做一个对别人有益的人。要负责、合作、有同情心；不论置身在什么地方，都要有一种积极健康的心态。

眼界要开阔，要时时留意世界上发生的事情，要做一个永不

知足的求学者，要阅读各式各样的优秀作品。要以开放的态度对待各种观点。要意识到别人的需要，能够设身处地为别人着想。生活要积极主动，不僵硬、不呆板，要将挫折看作一次学习。要消除生活中一切恶劣的情绪，要消除愤怒、焦虑和妒忌，要消除敌意和压力，取代它们的，应该是欢乐和爱。

要坚持完善自己，要努力做到每天都比前一天进步一点点，快乐一点点。要相信自己的潜能，要意识到，一种丰富的生活将会拥有无穷无尽的可能性。

一个拥有自尊的人，相对而言更容易实现自己的潜能。自尊是成功的基石，一个喜欢自己、爱护自己、相信自己的人才可能获得成功；培养、发展我们的自尊，是我们终生都要不遗余力去从事的一件事情。

我们应该按照自己的价值尺度去生活。要直面各种挑战，不害怕失败的风险，通过这些方式树立我们的自信。我们不用眼睛盯着别人，我们的竞争对手应该是我们自己，我们要关注的是我们自己的利益、目标。

我们要接受自己，接受自己本来的样子；同时，我们也要不懈努力，去提高自己。

每周箴言

我们往往是在我们从前努力的废墟上才达到了天堂，这时候，我们发现，从前的种种失败，无异于沿途的许多路标，正是它们把我们引向了成功。

——佚名

成功者的榜样

感觉是我们身体的五种官能之一，但倾听却是一门艺术。

——弗兰克·泰戈尔

凡是成功者，都会有明确的目标和意图，并且会制定明确的方案帮助自己实现目标。他们不害怕牺牲，不害怕付出，他们将自己的一生，都用来完善自己，同时鼓励别人也同样去行动。

成功者都相信自己，他们眼里看到的是自己的力量，而不是自己的局限。他们能够坚持一贯，从不放弃，不为环境去抱怨任何人，无论别人还是自己。

成功者也帮助他人实现成功。他们是领袖、是教师、是导引。他们意识到，成功往往离不开他人的帮助，在他们的生活中，充满了对他人的尊敬、友爱、同情和体谅。

成功者不把自己的成功建立在对他人的损害上，他们注意让自己融入群体，成为它的一部分，而不是只在意输赢。他们看重的是协作、和睦。他们为人公正，品行正直，愿意宽恕。

成功者非常注意生活的平衡。他们辛勤工作，但也会享受生活。他们和自然能够和谐共处。成功者对待他人能够一视同仁，没有偏见。他们爱自己的伴侣，爱孩子，而且尊重他们；他们也有亲密的朋友。他们还鼓励周围的人去追寻自己的梦想。他们心胸豁达，待人友善，让人感到轻松、自在。

成功者把为他人效力看作一件快乐的事情。他们从不对别人指手画脚，相反，常常伸出援手，给别人鼓励。

他们的生活既会给他们自己带来回报，也时时激励着周围的人。

规划一生

每日箴言

爱心再加上技巧，就会产生巨作。

——约翰·罗斯金

成功需要自己去把握

成功的最大阻碍很可能是我们自己。

——弗兰克·泰戈尔

每天都想一想，自己真正想要的是什么。想象一下，如果自己在做自己喜欢的事情，那会是什么样子，会和别人怎样来往。然后，再看看自己在哪些方面还有不足，还要进一步发展。每天都注意观察一下周围的人：他们是在毁灭自己，还是在过一种于人于己都有利的生活？他们如何对待别人，别人反过来又如何对他们？

意识的力量几乎无与伦比。一种积极健康的立场，会为你铺平通往成功和幸福的道路。

要和昨天告别，把从前的习惯都扔到垃圾桶里。昨天的你已经永远不会回来了，今天的你已经不同，今天的你应该往更高的高度攀登。未来将会带给你意料不到的欢乐。

不要去裁断别人。如果动了这样的念头，要从自己身上找原因，也许需要改变的是我们自己。

你的生活中最重要的一种影响力就是你的思想，外界的因素、影响力都是有限的。如果你希望幸福，就让你的思想都转到这个方面；如果你希望成功，就专注于成功。幸福成功的生活，全看你自己有没有决心去把握它。

你可以想象自己每天的进步，想象自己已经摆脱了身上所有不好的情绪，想象你在享受自由，享受灵魂的安宁。如果想的是减少体重，那么可以想象自己穿着宽大衣服的样子，想象自己躺在海滩上，那时自己已经减到了理想的身段。如果想的是财富，可以想象自己已经过上有钱人生活的样子。

就在你不断强化自己的意识的同时，你就会积极行动起来，为目标去努力。而相反，如果你想象自己就是一个没有人理睬、整天愁眉苦脸的穷光蛋，那你就会什么都不做。

我们要的不是自怨自艾，埋怨自己命不好，我们首先需要改变的，就是自己的这种想法，然后再改变自己的生活。

交友要谨慎。多和让你钦佩的人来往，或者多交往那些能够把你往积极的方向推的朋友。多读那些使人积极向上、鼓舞人心的作品。

我曾经编过一本有关激励人生的名人名言方面的书，收集的都是一些让人振奋、给人信心的格言。我从 15 岁开始就养成了摘录名人名言的习惯，每天都至少读一则。事实上，这些前人的警示是很有作用的。你心里这类积极向上的格言越多，就越能够帮你克服前进道路上的阻碍，使你顺利到达目的地。

为了实现梦想，你还必须做很多事情：必须做出牺牲，必须比从前工作更加勤奋。如果总是半推半就，拈轻怕重，实现梦想只能是一句空话。

比如你在开办一家咨询公司，如果说自己更勤奋一些，每天夜以继日地工作，周末也不休息，那么生意会好很多，年收入可

第六章　打开成功的大门

以达 10 万元，说这类的话是毫无意义的。梦想要成为现实，就必须付诸行动。

比如，你可能需要延长工作时间，虽然暂时收入也许没有增加；公司可能需要迁址，找个更适合的地方；还有，你需要改变日常的作息规律，要放弃一些空闲时间。只有这样，你才有可能达到目标。

只有付出牺牲，想法才可能变成现实。我们要让自己能够接受各种新观念，要用自己的思想去克服各种阻碍和挫折，指导自己向着梦想的方向前进。

你不能达到目标，原因也只可能在你自己而不是别人。因为决定未来的是你的行为，而行为本身又是受你的思想支配的。不要忽视思想的巨大力量，它可以为你创造一切。

不论你的过去如何，别人怎么评价，只要你想做的，你一定可以做到。

每日箴言

邮票就是一个例子，它之所以有用，全在于它可以附着在一件东西上，然后到达目的地。

——佚名

能想象到的事情，就一定能做到。

——沃尔特·迪斯尼

第七章

命运把握在自己的手中

信心 + 努力 = 成功

生活类似于戏剧，它的意义不在于长短，而在于表演是否出色。

——塞涅卡

成功不是运气，不取决于过去，也不取决于朋友的帮忙，它需要的是勤奋而有效率的工作，需要尊重别人，从工作中感到乐趣。我们身上都蕴藏着难以置信的潜能，我们所要做的，只是要意识到它，把它召唤出来。

也许朋友、家庭、或许还有媒体会告诉你，你有这样那样的限制，这妨碍了你成为一个超级明星，只能过普通人的生活，不要信他们。你需要的只是对未来的抱负，是热情、正直和自尊，有了这一切，你完全可以成为明星人物。

我们身上的潜能是无限的，我们完全可以做到自己想做的一切。首先需要你有怎样的愿望，然后，需要一些最基本的技能，那么，只要你愿意去努力，能够坚持，你就可以成功。

不用担心给自己制定的目标过高，你需要的是信心，是相信自己有能力实现自己的愿望；只要你下了决心完善自己的生活，没有什么能够阻止你。想象自己的潜能已经全部得到发挥的情景，想象自己的成功。你之所以是你，就是因为你的所思所想，所以，只要你多想想自己的成功，最终它就会来临。

很多人总是根据自己过去的表现来判断自己，给自己贴上各种标签。他们认为自己不可能成功，并给自己寻找各种理由，比如，说自己太内向，能力有限，或者教育水平太低。总之，可以列出一长串的借口。

然而，过去并不能说明我们的现在，它一旦过去就不再对我们有意义。你完全能够做你自己想成为的人。

你当然不会明天一觉醒过来，马上发现成功已经来到床前招呼你。成功需要持续不断的努力，需要坚持，需要你放弃再为自己寻找各种借口，集中精力去实现目标。

相信自己，努力追求，最终你的潜能一定能够得到发挥。

每日箴言

人的高大和渺小与他理想的大小成正比。

——詹姆斯·艾伦

主宰自己的命运

有时候，当事情看来毫无出路的时候，我就去看那些石匠工作。他们一次次地挥舞铁锤，试图把石头劈开，然而，可能 10 次、100 次过去了，他们的努力还是白费，石头上还是看不到裂缝。可是，可能就在 101 次的时候，石头裂成了两半。之所以会有最终的成功，并不是仅仅由于最后的一击，而是前面所有努力的结果。

——雅各布·卢斯

所谓的自我主宰，就是完全支配自己的生活、行动和感情。未来的生活掌握在我们自己手里而不是别人手里。这本书里所写的全部内容，都是为了帮助你实现自己的目标，成为自己生活的

主人。

你需要具备以下方面的能力：

第一，克服阻碍；

第二，做出选择；

第三，相信自己；

第四，接受变化，迎接挑战；

第五，追求自己真正渴望的生活，而不是一种消极被动的生存；

第六，愿意承担风险，不为未来恐惧。你现在就可以做自己命运的主人，你有这样的能力，行动起来吧。

成功的决心

仅仅有良好的愿望，并不能给我们多大帮助，这无非是守株待兔。无论要做成什么，都需要我们有明确的决心。有了这种决心，思想才会转化成行动。

生活中的一切，都离不开我们的决心，健康也好，财富也好，人际关系也好，都是先有决心才会实现。

临渊羡鱼，不如退而结网。许再多的愿望，不如一个行动的决心。有了决心，就是支配自己生活的第一步。

积极进取

一个有主动精神的人，不会等到别人告诉他应该做什么才去做；他事先就会把需要做的事情做好。这也可以叫做"自我鞭策"或者"自我指导"，也是一种内在的品质。

主动进取的反面就是凡事推诿。一个有主动性的人，每天都会做一些积极有益、有助于实现自己目标的事，他能够从最平凡的日常小事做起，积少成多，一步一步达到最终的目的。生活中越具有主动性，我们越会去预想目标实现的情景。一个把目光集中在生活的意义而不是物质酬报上的人，他会拥有更大的主动性。

一个经常鼓励别人积极进取的人，自己也会更快地达到这个要求。你在告诉别人相信的时候，自己也会渐渐相信了它。

选择适当的人生目标

生活中有目标，这会带给你意想不到的乐趣。当然，这个目标必须是你自己选择的，这一点很重要。只有自己选择的目标，你才可以支配控制它，才能够改变它，才会愿意为它献身。

选择目标的时候，要注意量力而行。不切实际的目标会让你一事无成，最后只会打击自己的积极性。

但另一方面，目标定得太低，它表明你对自己能力没有信心，最终也会失去兴趣。只有具备一定难度、有一定挑战性的目标，才能刺激你的斗志，同时也会让你感到乐趣。

不要好高骛远，一直想着做大事情，忽略生活中的小事。事实上，学会处理这些小事，也会提高你学习、掌握新知识的能力。

我们不应该满足于一个非常个人的目标，还应该把个人的目标和更大更广的世界的目标结合起来，愿意为这样的目标去努力、去献身。这样，我们的生活才会有意义，我们才会感到一种健康的快乐。

集中精力于自己选定的人生目标上

能否把精力集中到一个目标上，对成功来说极为重要。

一旦有了自己的要求，就集中精力来完成，一直到实现为止，不要分心，不要沉湎于过去。精力集中的人，才可能把握机会，才可能为自己创造机会，从而最终走向成功。

不要让外界的事物影响自己的注意力。在完成目标之前，要能够心无旁骛，要紧紧盯住自己的目标，下定决心，持之以恒，直到最终完成，中间决不放弃。

运用你的知识、智慧，制定一个可行的方案，把握自己的思想，最终，你就会培养出把全部身心投入目标的能力。要把目标分解为短期目标、中期目标和长远目标，这会有助于在日常活动中，不至于遗忘、偏离最终的目标。

多为自己描绘一下你所希望的未来，把这种想象培养成为每天的习惯，它会有助于你的成功。

培养豁达大度的品性

心胸要豁达、开阔，要能够接受和你现在观念不符的新思想，要能够兼容并包，愿意考虑一切可能性的存在。

事实上，让自己和新的思想隔绝起来，就意味着你放弃了通过它来实现进步和成功的可能。有许多人愿意自己画地为牢，不愿改变已有的生活方式。他们的一生永远住在同一个地方，吃同样的食物，做同一份工作，从而，使自己的生活变得异常枯燥无味，难以忍受，更谈不上什么进步。

不要让自己的思想落伍，要愿意接触、学习新的观念，愿意冒险，愿意接受变化，敞开自己的心扉，迎接未来赋予你的无限丰富的可能性。

有志者事竟成

一个只是梦想自己会成功，接下来却毫无作为的人，是永远不可能成功的。他需要行动，而行动之前，他需要有抱负。有许多才华横溢、天赋出众的人，他们终其一生也没有为自己的梦想做些什么，原因就在于，他们空有梦想，却不能立下抱负，以致无所作为。

人们常常太过在意外部的阻力。他们以为，这些因素自己无法控制，也无法得到任何帮助，于是，他们指责所有的人，除了他们自己；而事实上，原因正在于他们缺少主动性。他们害怕变化，害怕风险，害怕外界的压力，害怕未知的事物，所以，他们空有很多宏伟的想法，却从来不能从想法再往前走一步。行动，对他们来说永远是一件还需要等待，等待合适的时机出现才能做的事情。

如果我们的行动要有一个开始的时间的话，那就是今天，不是下个月，也不是明年，是现在。

我们要用自己的行动来为将来承担责任。我们要从最艰巨、内心最想逃避的事情做起，要知难而上。不论什么问题，只要切实对你有所帮助，就应该直面。

不要给自己树立你无心去实践的目标。目标是要想方设法去完成的：无论什么困难出现，要迎头赶上，去解决它，去从中学习，然后，继续前进。

一个人的抱负可以帮助他培养自信心。事实上，每一次的行动，都使我们朝目标走近了一步；而我们向目标走近的每一步，都可以带来更多的信心。以后，我们再遇到其他的阻碍，应付起来就会更加轻松自如。

从我做起，从现在做起。不要为自己的行动寻找任何逃避的借口。你需要的就是去做。然后，要坚持。不论有什么挑战，持之以恒是成功的关键。

几乎所有的人都会遭遇失败和挫折，然而反应却不一样。有一些人，他们能够从失败中学习，吸取教训，从而继续进步。可以说，世界上最伟大的那些成功人士，他们所经历的不只是一般性的挫折，有的还会遭遇毁灭性的灾难，然而，他们并没有因此就一蹶不振，而是把这些经历当作磨炼自己的好机会，最终才成为了伟人。

在逆境中，人们可以有两种选择：或者自怨自艾，抱一种宿命的看法，认为自己注定只能与失败为友，从此不再做任何新的尝试；或者，可以把逆境当作难得的学习经验，由此走向成功。

我们的行为、我们行为的结果，并不能决定我们是个怎样的人，不能决定我们的价值；只有我们自己、只有我们的想法，才能决定我们的价值。

从这点来说，不能完成某项任务，并不意味着失败，因为每次失败都可以成为我们学习、进步的好机会。失败是成功之母，今天的失败正可以帮助我们更好地向目标迈进。重要的是我们必须在失败面前昂起头来，而不是被它打垮。

我们要提高自己的适应性、创造性和灵活性。要接受环境，接受自己，努力为下一个目标奋斗。要学会跳过那些失败挫折，眼睛永远盯着最终的目标。

心动不如行动

成功者不是一个只有梦想，只做计划，只擅空谈的人，他们是行动者，是一个会把梦想和计划付诸行动的人。一旦他们下定了决心，他们会马上行动。他们懂得，成功必须依赖行动，像能力、教育和知识这些东西，只有当你已经开始行动的时候，它们才会助你一臂之力。

在我的经历中，目睹了无数有天赋的人的失败，他们不能有效利用自己的能力。其中的原因就在于，他们回避变化，害怕变化。他们随遇而安，不思进取，对于未来不能确定的事情不肯投入，害怕自己受伤害，害怕面对不确定。

然而，生活却是常变常新的，可以说，变化才是它的本质。生活不会永远静止不动，这一点，既适合于你的身体状况、人际关系和收入情况，也适用于天气、经济、税收和政治，所有这一切，都处在不断地变动中。事实上，没有变化，我们就无从成长、无从进步，死亡是唯一的去处。

所以，不要害怕变化，要张开双臂欢迎它。变化并非一定就是负面的，全看你是否能主动采取行动，掌握它，支配它。不会行动的人，只有等待变化来把他吞没。

与其被动地卷入变化中，不如主动去行动。

心动不如行动。希望什么，就主动去争取，去促成它的发生。我们无法指望别人来照顾我们的愿望，也不能指望一切都已经成熟，然后轻松去摘取果实。永远不会有这样的事情发生，我们要彻底打消这样的念头。

我认识很多人，他们有一些前景非常看好的发明，有的在生意上有一些非常有创意的想法，然而，他们总是迟迟不肯行动，以致最终都被别人抢了先机。不要为自己寻找借口，我们要从今天开始，从现在开始。不要心理上总对时机有一种依赖感，外界的条件永远不可能尽善尽美。如果有了目标，需要的就是马上行动。固执于细节，你将一事无成。

一个人有了创造力、有了智慧和才华，却不去使用，这可以说是对人的潜能的最大浪费。

不要被困难吓倒。行动可以使你变得坚强，使你一步步提高。过去的失败不能算什么，重要的是从失败中学习。

成功并不是招手即来的事情。渴望成功的人，必须有决心克服沿途的各种阻碍。这些阻碍迟早都会到来，他必须有毅力，有恒心，而且，能够全身心投入自己的目标，才能冲破险阻，到达目标。

找出你内心真正的渴望，找出你的目标，而后，义无反顾地完成它。不要逃避，不要放弃，要始终如一，坚守目标。要把一切艰难挫折当作使自己更强大、更坚决的机会。只要你不放弃尝试，你就永远不会失败。

要做一个敢于行动的人，要把眼光放到最终的目标上，要自己决定前进的道路上该做什么，不该做什么；然后，就把你的热情、你的活力都投入其中。要心无旁骛，目标集中。

要随时准备做出艰难的决定，要从日常生活最细小的事情上做起。重要的不是行动有多浩大，而在于是否去行动本身，是否能够坚持，直到目标完成。不要经受不住各种诱惑，中途放弃。

完成了一个目标之后，再接着往下一个目标努力。

事实上，成功的最大阻碍来自一个人的惰性。如果我们希望控制环境，而不是让环境控制我们，那么，就必须克服惰性，必须行动。

只有行动才能帮助你实现自己的目标。

每日箴言

世界上什么也替代不了恒心的作用。能力不行，有能力却不能成功的人真是太普遍了；天才也不行，天妒英才，这已经成为一句格言，天才难有酬报；教育不行，受过教育的时代弃儿简直举不胜举。一切之中，只有恒心是无所不能的；人类所有的问题，都在一句"加油"中得到了解决，并且仍将继续因它而得到解决。

——加尔文·柯尔律治

确定好自己的人生方向

变化是无法抗拒或回避的。变化是创新的原动力，它能赐予你展示自身创造力的绝佳良机。

——凯夏文·奈尔

今天将成为你人生新篇章的起点，从此你将改头换面，焕然一新。当今社会极速狂飙的快节奏要求一个人必须具备勇气、

创造力和富于远见的洞察力，才能应付明天可能发生的种种状况。

如果你想过一种自己渴望的生活，那么，你首先必须确定好自己的人生方向，选定一条切实可行的道路。利用身边一切有效的资源，雕塑自己的未来，而不是依赖别人来规划自己的人生。

你必须不断发展自身各方面的才能，确立新的目标，这样才能适应这个日新月异的世界。在未来的岁月里，生活也许会变得更加难以预测和更加难以把握，所以，你需要娴熟掌握各种生活的技巧，这样，你才能灵活应变，游刃有余。

慎重地选择你的目标和任务，为创造一种激动人心的美好未来做好充分的准备，这样，你就一定能够拥有成功的人生。你将学会并拥有新的技能，积聚新的力量，在生活中找到前所未有的快乐。而这一切，只有通过自己的身体力行才能最终实现。

你应该为自己生活中可能会发生的各种变化制定一个大致的计划，这只需要你花费很少的精力。尽力去洞察和预见未来可能发生的各种情况，不要被那些已经消逝的过去束缚自己的手脚，过去已成为历史，那只不过是你成长和学习的历程。你应该以全部精力来关注当下，立足现在，展望和规划未来。

当今的生活看起来似乎比过去更加激烈动荡。人们常常觉得要面对更多复杂的状况，并不得不忍受由此不断产生的压力、无助和不确定感。许多人对未来都感到恐惧。然而，宇宙间万物恒变，这也是人生的真谛。

要想生活过得有的放矢，张弛有度，人们必须改变对自身和世界的一些过时的观念，试着重新去体悟，不断调整和改进自己的人生目标。你必须不断地用勇气、坚韧的灵活性以及丰富多样的知识来不断充实和武装自己，尤其需要重新肯定自我。你应该消除自己的恐惧和优柔寡断，不再缩手缩脚，而是满怀自信，积极乐观。

世界在不断变化，变化如同轰隆飞转的车轮，将一如既往地运转下去，旧有的规则当然无法适用于新的变化。从现在到将来，都迫切需要人们掌握新技能、新知识以及对世界全新的洞见。

无论依照哪一种标准，美国人的生活质量在全世界都是最高的。然而不幸的是，许多美国人仍然从未曾体验过真正的快乐和成功。你应该意识到变化往往会带来成功和幸福的机遇，你应该学会善用这些机会。生生不息的生活总是以循环往复的方式给人们带来变化，这种变化是一种自我更新、不断向更高的水平发展的过程。每一轮的变化之后都紧接着由变化所带来的革新和转换。

每当你开始新一轮的生活时，你一定会精力饱满、兴奋万状，并且充满好奇和激动的期待。然而到了变化快结束时，你往往会被搞得意兴阑珊、疲惫不堪，对这样的循环和变化再也提不起兴趣，甚至显得厌烦。在这种时候，你必须调整状态，制定新目标，将自己转换到新的循环中去。

斗转星移，年复一年，就在你从这个循环转换到另一个循环的过程中，你的人生得以不断变化更新。你应该学会认识和了解这个过程，然后努力去驾驭它。

一旦你接受了人生其实是一个不断变化的过程这个事实以后，你就能坦然平和地面对人生的变数，并被激发起高昂的斗

志，而不再惧怕变化。你应该成为自己生活的主人，沉着稳定地选准时机，迎接生活的每一轮变化。

人生的循环之旅是从人们渴望"发现"那一刻开始的。当你渴望某种重要的东西能够在你的生活中得以实现的时候，新一轮变化就开始了。当你的激情消退，变化也就随之告终。

学会在变化中成长，不要害怕新的变化给你带来的变革和挑战。恪守你的价值观，紧紧钳住命运的咽喉，追寻那些能够改善你和他人生活的梦想。

当你经历变化的时候，你同时也正在"发现"和"成长"。你要把握住生活的潮起潮落，为己所用，在生活之流的一点一滴中找到生命的意义。人生无常，充满了不确定性，因此你要学会在这种不确定性中努力适应，茁壮成长，从所有的生活经历中发现意义，树立目标。

经历生活中的变化能使你觉醒，有如醍醐灌顶，使你更加自信，豁然发现新的愿望和目标以及更多新奇的可能性。你将重获并享受做梦的自由，学会主宰自己的人生，探索神奇的未知领域。

当你临近一个变化周期的结束时，你可能会更加理解变化的必要性。此时面对生活，你往往显得倦怠不堪，情绪低落，失去火热的激情，被无边的沮丧所笼罩。你的人生目标也开始褪去当初的意义，显得黯淡无光。你不再乐观积极，生活变得循规蹈矩，按部就班，死气沉沉。你甚至可能会感到彷徨无助。你的生活缺乏刺激，梦想之花凋谢枯萎，你感到自己被束缚在令人窒息的圈套里。

当你陷入生活的这种窘境时，你有两个选择：一是保持现状，故步自封，继续你那闷闷不乐的生活；二是尝试变化，换一种新的活法，去发现新的事物，富于建设性地将生活转换成自己喜欢的形式，开始进入下一轮的新生活。开始新一轮的生活意味着你将要去发现和经历生命中可能从未体验过的狂喜或悲伤，激励或希冀。做一个天马行空的梦想家，探索未知事物，用你的创造力和不可思议的想象力去绘制一个崭新神奇的未来之梦。

在经历了生活的种种变化之后，你将获得在人生的航行中成功地闯荡各种险礁暗滩所必需的丰富知识和经验，这些经验最终将使你能够战无不胜，得偿所愿。你将能消除一切心理障碍，发展出获得成功所必备的各种特质。你将学到适应未来生活所需的新的观念和态度、技巧和才能。你将努力奋斗达成你的人生愿望，并能够坦然接受生活降临到你身上的一切。

每日箴言

人类能够通过改变内在的心态，进而改善其外在生活的品质。

——威廉·詹姆斯

任何既成之事实皆可为师。秘诀在于脚踏实地，以自己的生活为依归，诚心接受其教诲。

——波利·伯瑞兹

改变自己的现状

所谓通情达理而又世故的人总是约束自己来适应世界。而那些被认为不切实际、异想天开的人却总是试图改造世界来迎合自己。显而易见，世界所有的进步都该归功于这些勇于探索、"不切实际"的人。

——萧伯纳

如果你正在因为还未能实现人生的目标而郁闷沮丧，那么，首先你必须意识到，现在你所需要的就是改变自己的现状。同时你也一定要坚信你是完全有能力去改变这一切的。你必须认识到如果不改变自己，那么，局面也永远不会变化，你很可能会在旧有的生活模式里终老一生。明确到底什么是你最想要的，分析得越细致精确越好。你一定能应对生活中的各种变化。你所需要的一切不过是一个刺激你求变的动机而已。

不要像众人一样视变化为洪水猛兽，要真诚主动地去接受和拥抱生活中的各种变化。许多人都惧怕变化，甚至连变革前的一点预兆都会使他们战战兢兢，如临大敌。他们固执地相信，能够预知每天的生活流程，这才是"安全"，很显然，这绝对是一种谬论。真正的"安全"来自于内心，它是你运用自己的才能去接受所有体验和经历的结果。

难道你真的希望过一种完全可以预测的生活吗？真的希望能预计每一天将会发生的所有事情，而不想有所变化吗？我当然是不会选择这种平淡无奇，没有变化的生活的。我在变化中体验着多姿多彩，丰富刺激的人生。你应该去体验生活中的各种变化。

正因为有了变化，人生才显得激动人心，精彩纷纷。变化能鼓舞和激发你学会成长，过一种真正完满的人生。

其实，人们是无法逃避变化的，除了变化别无抉择，因为人生本来就充满了变化，人们的好恶并不能改变这个事实。明智的做法是准备充分并友好地去迎接变化，而不是惧怕否定它，或试着将其拒于千里之外。

一切的进程都伴随着变化。万物皆有变，这是宇宙的特性，也是亘古不变的真理。你怎么能抗拒得了这个永远无法避免的事实呢？

你今天对现实的理解与一年前相比，可能已是大相径庭。这是因为变化的结果。你从自我认识出现差异的那一刻起，就开始走向成熟，甚至可能是进步和提高。生命因为变化而呈现出别样的形态，不可同日而语。

一生幸福的关键不在于你处心积虑为每一件事做好打算，也不在于对未来成竹在胸。幸福的关键在于学会将变化看成你的好朋友，不要试着去控制和操纵变化，应该诚心诚意地接受变化，拥抱变化，从中吸取经验教训。不要在已有的成功面前踯躅不前，自满倦惰，应该通过拥抱变化去收获人生更多更大的果实。

每日箴言

在一个瞬息万变的世界里，即使在可预见的未来很短一段时间内，你现在所依赖的有利资源也是转瞬即逝，不可能一劳永逸的，更遑论你人生余下的漫漫长路。最重要的生活技巧是学会如何去学习，这才是以不变应万变的根本。

——约翰·奈斯比

你能改变自己的世界

> 一扇门关上，另一扇门就会自动开启。然而遗憾的是，我们常常只知道驻足在已经关闭的门前，黯然神伤，悲戚凭吊，而对那些已经开启的门熟视无睹。

——亚历山大·贝尔

你一定要勇敢地去谋求你心想所愿的变化。要尽力去促成那些积极、正面的变化，把变革的主动权牢牢掌握在自己手中，对目标不离不弃，这些改变就一定能帮助你达到最高层次的幸福和成功。

不要被混乱的思绪和犹豫不决、迟疑拖沓的态度所左右而放慢前进的步伐。不进则退，别让变化和革新成为你生活的绊脚石。你应该将改变当作通往成功的一种手段和方式。试着树立一种积极乐观的态度去看待改变。立即抛弃那些妨碍你改变的坏习惯，远离那些总是力图阻止你改变的人，尽量对他们退避三舍。

你将在未来的生活里遭遇无穷无尽的改变。改变是一种机遇，你应该学会满怀激动和喜悦对将至的机遇翘首以盼。不要只是被动地接受生活，或麻木地安于现状，不思新变。你不能再浪费生命的每一天了，敞开胸怀，充分享受你人生探险的自由，怀着初生婴儿般的好奇与热情去探索生命中那些与你如影随形的无限可能性。

在我努力帮助人们改进他们生活的过程中，我最常遇到的一个问题是他们无法克服心中的失望感。其中一些人会因为自己在经济上捉襟见肘而沮丧难堪，或是认为自己缺乏个人魅力而郁郁寡欢，自惭形秽。

其实物质财富并不能保证幸福和快乐。世界上有不计其数遭遇过生活中巨大不幸的人们，但他们并未长嗟短叹怨天尤人，相反，他们不仅努力认真地过完一生，甚至还从生活中发掘出了难以言喻的快乐。

当可怕的大灾难降临在你的生活中时，你有两个选择：要么被灾难击垮，彻底崩溃；要么将它看作机遇，试着重新审视你的人生目标，对自己获得一个更为清醒的认识。塞翁失马，焉知非福。那些开始看起来损失惨重的经历很可能会以你意想不到的方式给你以后的人生带来幸福和圆满。看看那些肢体残缺或瘫痪的人们吧，他们中的许多人仍然快乐地活着，并积极对社会作出力所能及的贡献，有些人甚至比从前更具创造力。

你应付灾祸的能力直接决定着你所能获得的成功和幸福的层次。战胜不幸的能力是你获得成功与快乐所必须具备的基本素质之一。

你的人生中永远没有不幸事件发生的可能性微乎其微。因此，具备将消极事件转化成积极后果的能力对你而言至关重要，不可或缺。举个例子来说，假如死亡、离婚、破产或者疾病等任何一种不幸降临在你身上，你可能会觉得大厦将倾，束手无策，接下来你可能还要承受由此产生的长期焦虑和压力的折磨。这就是为什么勇气、内心的平静祥和、毅力、顺应逆境的乐观心态以及宽容和忍受力在维持幸福的过程中显得如此重要的原因。如果缺乏这些品质，我们可能会轻而易举就被生活中各种或大或小的挑战和风浪所摧毁。

要想体验人生中无拘无束、自由飞翔的快乐，你需要发展自

身内在的力量，学会专注于自己内心真正的欲求，而不要因为外部世界的缺憾而失望沮丧，更不要被这种失望感影响和支配。要达到这样的人生境界，你必须坚信你的命运就掌握在自己的手中，坚信你自己的才智和技能足以应对生活的大风大浪，你的人生注定不会偏离航向。一句话，你要信仰自己。

与应对不幸遭遇的能力相比，你认识理解周围事物的能力同样十分重要。只有对周遭情势了然于心以后，你才能知道如何去很好地适应外部环境。这种能力能帮助你掌控周围的环境，获得对外界准确的判断力。在追求你的人生目标的同时，你一定要随时注意身边发生的每一件事并保持警惕和清醒。

与周围的世界保持和谐一致能有助于你战胜灾祸。不要让沮丧挫败感淹没了你的理性，当你面对不幸仍能清醒独立地思考时，你就能重新振作，有效化解压力给你带来的消极影响。如果你继续积极关注外界的信息，而不是自我封闭，与世隔绝，你就很可能会发现消除挫败感、对付失望的新方法和诀窍，收获"柳暗花明又一村"的惊喜和希望。

生活的每一场遭遇都能带来有助于成长的机会，甚至连灾祸也有可能带来提升和改善人们生活品质的结果。一个活得幸福圆满的人总是能看见并抓住生活中每一个不期而至的机会。不要被你日常的生活轨迹所局限，执拗地闭塞视听，条件反射式地按部就班，否则你会错过通往目的地的其他便捷路径。

那些正在享受生活阳光的人，与那些被生活悲苦所压倒的人的区别在于两者看待外部事件的角度和方式迥然不同。前者往往视困难障碍为机遇，而后者却只是将生活道路上的险阻看作威胁和凶险。

如果我们不想冒险，那么我们就无须谋求改变。然而，如果我们总是逃避改变，安于现状，我们就绝不会拥有成长的机会。

不要害怕改变，不要视其为威胁你的可怕灾难。我曾经也同样惧怕过改变，但是现在我对改变有了全新积极的认识，我不仅热切地欢迎它，我还四处去找寻它，并用感恩的真心去珍爱它。正是改变使生命变得如此的激动人心，令人鼓舞振奋。

许多人都认为安全、稳定以及对生活的提前预见是人生幸福的重要保证。他们觉得改变会使得生活失控，偏离航线。然而事实是，改变本身才是你我以及每一个人生活的真正航线。

只有当你学会去接受改变，你才能找到真正的"安全"。试着去做一些你以前从未做过的新鲜事，尝试一些富于变化的冒险活动，这也是领悟人生真谛，赋予你的生活以真正意义的唯一途径。

世界正在飞速变化，时势变幻不过瞬息之间。人们必须紧跟潮流，随势改变自身，否则就会被进步所淘汰，成为新时代的弃儿。例如，科技神奇的发展正迅速改变着旧有的工作模式。改变和更新随时随处都在发生，终身制的工作已不复存在，雇员们已经不可能指望一辈子从事同一种职业。

改变的车轮是不可阻挡，无法避免的。如果你渴望成功，就必须主动勇敢地去探索未知的事物，谋求改变。这样的探索是激动人心和妙不可言的。

改变只会对心中缺乏安全感、内心不坚定的人构成危险和胁迫，而对于自信满怀的人来说却是机遇。所以你要努力强化培养你的自信，成为一个精力充沛的生活冒险家，探索人生中神秘的启示，无畏地面对挑战。

第七章 命运把握在自己的手中

开启你的心智去接纳革新和改变。走出你旧有的交际圈，接触新的人群，游历新的地方，享用口味迥异的新食物，欣赏新的音乐，充实你的人生，使它圆满。

每日箴言

万事皆有风险。在美国历史上每一个发展阶段都充满着冒险，是这样一些人成就了美利坚民族：勇敢的冒险家、不惧失败的创业先驱、敢于正视真相的科学家、不惮于投身变革和进步事业的思想家，以及富于行动力的梦想家。

——布鲁克斯·阿特金森

在挑战中走向成功

从不犯过错的"完人"永远也不会有所发现。

——塞缪尔·约翰逊

生活中最令人欢欣鼓舞的体验之一莫过于与刺激的挑战正面相遇。然而许多人却习惯将挑战看作麻烦的障碍。他们忌讳挑战，将其视为通向成功之路上的绊脚石。

其实，挑战意味着机遇。挑战为你营造了学习人生重大课题的环境，使你能同时经历成功和失败，体验胜利和挫折。每一次新的挑战都能带给你比上一次更多的教训，更丰富的经验。每经历一次挑战，你都将距离实现你的目标更近。

你可以把挑战当作一项游戏来接受。学会主动去寻求挑战。你所接受并参与的每一个挑战都能教给你书本上没有的意味深长的学问，教会你处理事情的弹性和灵活度。挑战能成就幸福快乐、刺激精彩的人生。

不要成为那种一生都将挑战拒之门外的人，否则你将一无所获，碌碌无为。

打算和计划固然重要，但更重要的是不要只说不做。放手去干！激活你身上的每一个细胞，意气风发地去接受生活的挑战，去体验人生的每个细节，去追逐新的目标。

当面对挑战时，你的心态是你所拥有的最重要的工具和利器。工欲善其事，必先利其器。因此你必须扫除头脑中消极的想法，摒弃对失败的恐惧心理，消除对未知前途持忧心忡忡的疑虑态度。

不要害怕给你的常规生活来一些改变。你应该努力超越你的局限。你可能会认为保持现有的稳定规律的状态可以保证你的生活更舒适，但是长此以往，你会因为生活的平淡无奇而心生厌烦，无聊难耐。恐惧是最折磨人、消沉人意志的情绪之一。无论是突然遭遇的惊恐或是长期慢性的忧惧都会严重挫伤人们的主观能动性。当与困难对抗时，恐惧心理往往会压抑人们的积极性，在恐惧的阴影下，他们会妄自菲薄，自卑地认为自己不具备解决难题的能力。接踵而至的情形是：他们丧失了自信心。

积极乐观的心态是人类所拥有的最具威力的力量之一。它能帮助人们攻无不克，战无不胜。要想获得这种心态，你必须专注于长期的目标设置和计划，心无旁骛地朝着你渴望的成功进发。你的思想指导和驾驭着你的行动，而行动又决定着你的命运。所以你一定要从积极的方面思考问题，然后你才能够无所畏惧地面对人生路上的一切挑战。

每日箴言

如果我们想获得成功的人生，就应该学会在每个困难中寻找机遇，而不是一想到随着每个机遇而来的困难就吓得软弱颤抖，失去行动能力。

——沃尔特·寇尔

驾驭自己的命运

你没有难题，只有挑战。

——佚名

你的生活其实蕴含了无数种可能性，当你领悟到这一点，你就能达到一种崭新的境界，一个风光无限的全新人类经验世界将在你面前豁然洞开。所有你以前从未设想过，甚至从不敢奢望的东西都将出乎意料地得以实现。所有现在困扰着你、令你心力交瘁的限制和束缚都将不值一提。一旦你真正懂得如何去生活，一切人际关系和健康方面的问题将迎刃而解，你还能更好地改进事业和生意方面的规划。你拥有选择的绝对权利，它就在你的手中。

你能够驾驭你的生活，你是自己人生的主人。你体内蕴藏着无限潜能，它能使你获得想要的一切。你正塑造着你的思想、行为，雕刻着你的现实人生。你所有的经历都是你宝贵的经验和财富，它能教会你如何从中采撷颇具价值的教训，怎样学会成长，以及如何去发掘降临在你身上的机遇，并最大限度地利用和扩展这些机会。

正是通过一切经历和体验，你得以一点一滴地书写和创造自己的命运。不要因为暂时的逆境而焦虑万分，好像天塌下来一样觉得不堪重负，更不能软弱无力地听任逆境摆布而停止了前进的脚步。你应该将每一种境遇都看成学习和领悟人生的过程，哪怕是逆境，将压力变作动力和激励。

回顾一下你曾经遭受过的每一次痛苦的经历，例如失业或是遭遇情感的打击，痛失一段恋情。当痛苦的煎熬期过去以后，你会从痛苦中恍然大悟，正是这段痛苦的经历赐予了你弥足珍贵的教训，它的发生是上帝对你最好的安排。比如，你往往能在失业之后找到一份更有发展潜力、更有乐趣的新工作，或者找到一个更合适的对象开始一段新的恋情。而如果你没有结束上一段感情，你很可能根本不会遇到这么一个人。

你必须冷静沉着地面对不幸和逆境，从中吸取教训，积极努力地寻求改善人生的机会。每当不幸和厄运降临，你是否总是自视为可怜凄惨的受害者，终日以泪洗面，萎靡消沉？如果是，那么你从现在起就要立即改变这种消极的态度。

你要努力变成这样一种人：面对逆境，总是思考"我怎样才能从这次挫折中受益？我该从中吸取怎样的教训才不至于重蹈覆辙？"

充分认识到自己的力量，不要自暴自弃，自甘堕落，无论在什么样的境遇里，你都一定能驾驭自己的理性与情感。

再强调一点：你要学会反躬自省，在自己身上发现改变逆境的力量，而不是试图从别人那里或外界去找寻这种力量。要想获得内心的安宁祥和，就不要去评判他人，或机关算尽，企图操控

别人，而要尽力去帮助他人也找到面对生活的勇气和力量。

当你感到遭受了他人的不公正对待或污蔑时，千万不要让仇恨和痛苦充塞和折磨你的心灵，因为仇恨和痛苦会阻滞你的快乐心境。破釜沉舟的复仇心态只会生发出消极负面的情绪，蒙蔽你的双眼和心灵，使你看不到世界蓬勃生机的一面，感受不到乐观向上的情感。而只有积极乐观的心态才有助于你主宰自己的命运。

每日箴言

只有善于忍耐的人才能成为征服一切的勇士。

——意大利民谚

超越无限的人生

生命本身就是一场冒险

不远离海岸扬帆万里，你就永远不可能发现真正的海洋。

——佚名

大多数人心中所定义的"安全"是不存在的，生命中的一切都充满了风险。在许多地方，仅仅跨出家门都意味着危险，住在加州的每一个人都生活在地震的阴影下，生活在佛罗里达州的人们随时都面临着飓风的肆虐和威胁。生命本身就是一场冒险。

真正的"安全"是来自内心的，当你拥有内心的祥和，能够坦然笑看风云变幻，无所畏惧的时候，你就拥有了真正的"安全"。

没有冒险的人生根本不算是真正的人生。这是一个无比深刻的朴素真理。如果不冒险，你可能永远也无法得到你想要的。"梅花香自苦寒来"、"不劳无获"、"天上没有白掉的馅饼"，这都是些老掉牙的陈腔滥调，然而却也是充满智慧的人生哲理。

你为什么不愿冒险呢？也许你害怕冒险会使你失去什么吧。越怕失去，越容易失去，这是生活的悖论，但却是时常发生的事实。

为什么在冒险拼搏的时候却一心只想着失败呢？多想想收获吧。是想获益的动机刺激你去冒险，你应当把注意力的重心专注在收益和目标上，而不是时时瞻前顾后担心失败或吃亏的可能性，战战兢兢，如履薄冰。

你大部分的恐惧大多是内心对前途未卜而产生的疑惧和顾

虑。其实"未知"并不代表凶邪，也不是可怕的胁逼，而是一种机会。不要惧怕"未知"，不要被它压倒。相反，你要主动地去探寻未知的前途，向它挑战。当然，新的体验和经历很可能导致新的焦虑，但是你可以把焦虑转化成兴奋的感受，将你的忧心忡忡转化成跃跃欲试的心态，积极主动地迎接挑战。

对失败的恐惧是人们不敢冒险的又一原因。但是请记住：曾经全力以赴尝试过的人永远不是失败者。人生唯一的失败者是那些惮于尝试、惧怕冒险的人。

不论结果是好是坏，你生活中的每一次经历都是一个学习的过程。如果你每一次都从中吸取教训，总结经验，不断成长，你又怎么可能会成为生活的败将呢？

每一个读到这本书的人都不再是失败者，因为你将从中学习如何成就一个理想中的自己。这也是一种冒险，如此一来，你已经朝着成功迈出了巨大的一步。

从现在起改变你的心态。消除对失败的疑惧，把失败的想法从头脑中完全抹去。独立思考，勇敢地担负起自己的人生，披荆斩棘，无畏去面对生活旅途上的一切障碍和无情的风霜。不要逃避困难，要积极勇敢地战胜它。

你的心态是你能否取得成功的关键所在。你其实具有足够的能力去妥善应对各种境遇，你和我都很清楚这一点。你凭借自己的努力曾经做成的事情，你就一定能够再次成功做到。有了第一次，就会有第二次，所以一切并不困难。你需要冒险，并在冒险的激励中生存下去。

每日箴言

在畏畏缩缩中度过的一生是残缺不全的，只能算作蹉跎了一半的人生。

——佚名

告别焦虑，开创新生活

勇敢直面你内心的恐惧，恐惧将必然注定因此而终结。

——佚名

当我回过头追忆我那些似水流年时，我不禁大吃一惊，没想到我人生大部分的时间都被一些无谓的焦虑所占据了。我焦虑钱、股票行情、人际关系、各种各样的考试、我的健康，甚至天气！这些焦虑浪费了我人生中如此多的美妙珍贵的时间，还使我积忧成疾，郁结在体内，留下了病根。对于无法把握的渺茫前途，我时常感觉力不从心，意志几乎被焦虑消磨殆尽。

逝者已矣，虽然你无法使时光倒转，挽回那些被你在焦虑中消磨掉的日子，然而来者尤可追，你可以试着在将来的岁月里不再忧虑，尽情享受你的人生。

焦虑是一种对人类危害性极大的情绪。焦虑会导致慢性头痛、心绞痛以及各类心脏疾病、高血压、失眠症、压力、紧张不安和胃溃疡等各类疾病，有百害而无一利。焦虑还会改变你的心态，使你变得缺乏耐性，急躁易怒。

恐惧和担忧是焦虑的根源，而焦虑又会改变人体的内部功能，可能造成身体器质性病变。当我学会克服焦虑的诀窍后，很快我就开始将之彻底从我的生活中排除出去。这些诀窍简单得令人不可思议。一天一天地，我将这些方法运用得越来越熟练，效果越来越好。现在，每当焦虑的苗头刚冒出一点，我就会条件反射似的主动提醒自己焦虑是一种多么无用的坏习惯。你可以将对抗焦虑当作是一场游戏。与困难的处境相对抗，如果你赢了，你就再不会被它纠缠烦扰。消除焦虑的方法可能远比你意想中的要简单易学得多。你需要彻底改变你的思维模式，同时也要学会只关注现在进行时的生活，把注意力集中在你现在正在度过的每一秒上。会引起你焦虑的事情通常可大致分为两大类，一类事情是你只要在它们发生前预先采取行动，就可以减少压力和缓解紧张。譬如，在参加一次考试或作一场演讲之前，要想消除焦虑，你可以提前做好考试或演讲的准备。如果你准备充分，你就再没有焦虑和紧张的理由和必要了。而如果你失于预先准备，那么你即使将注意力集中在即将到来的考试或演讲本身，焦虑也无济于事。

另一类是那些你无法预料和掌控的事情。在事情发生前，你是完全无计可施，无法准备的。既然你不能提前做任何事，那么你就必须认识到焦虑也于事无补，它并不能改变局势和你的处境。事实上，如果你浪费时间来焦虑，那么你不仅仍然躲不掉将来注定要发生的事，你还可能因为你的焦虑而使你在当前遭遇更多的新问题，恶化你的精神状态，因而更难应付未来的处境。

你是没有理由焦虑的，除非痛苦和沮丧对你而言是一种甜蜜的享受。今天就下决心与焦虑决裂吧。彻底消除生活中的焦虑使我获得了一种全新的自由受。

第八章　超越无限的人生

战胜焦虑的方法之一是客观冷静地分析评估你所处的境遇。确定和估计一下可能发生的最糟糕的结果是什么。通过分析，我常常发现最坏的结果并没有糟到山崩地裂、地球爆炸的程度，而如果坏事一旦真的发生，我也可以承受并度过它。有意思的是，我们所预先担忧的事通常不会发生。就算不幸真的发生了，也往往没有预计中的可怕和令你损失惨重。

你要时时提醒自己：你是一个多么了不起的人，你已经拥有了人生中许多弥足珍贵的成功和幸福。对你而言，可能发生的最坏的事无外乎死亡。除此之外，其他的坏结果都并不真的严重，其实不足畏惧。

所以，只要你还依然活着，你就应该保持一颗积极热情的心，乐意去学习更多的知识和技巧，丰富你的头脑和人生。也许你明天就会流离失所，露宿街头，但你仍然能够找到一条通往成功和幸福的道路。许多人都经历过这样的惨境，从一无所有白手起家，到收获人生成功的丰硕果实。你也同样可以做到。

大灾大祸在你身上发生的概率其实微乎其微，人们总是习惯花很多时间和精力去担忧也许永远也不会发生的事。其实这真是杞人忧天，没有必要的。如果你能冷静接受你所遭遇的每一件事，你就没有必要去焦虑。

学会去承受发生在你生活中的每一件事，这是达到心境平和的唯一方法。你真的没有必要去焦虑，因为你有能力做好任何事。

下一次当你发觉自己又有开始焦虑的迹象时，要立即调整心态，将注意力集中起来分析事态，决定好你能做些什么事来改善局面。深入分析问题，设计一种解决方法和对策，然后照此方法放手去实施。

消除焦虑的另一种方法是忽略它，对它弃置不理。你的大脑只能同时处理一定量的信息，同一时间你也只能思考有限的问题。如果你让焦虑占据头脑，那么毫无疑问，你将无法最大效用地使用你的智慧。相反，如果你忘记焦虑这档子事，代之以积极乐观、富于行动力的思想，不知不觉之中，焦虑常常会遁离逃逸，消失得无影无踪。不要苦苦纠缠于问题，在困难面前踌躇不前、迟疑胆怯，而应该让自己勇敢投入行动，使自己忙碌，这样你就没有时间焦虑了。

多想想你的梦想和目标，想想如何去帮助他人，保持积极向上的想法。让自己被快乐的情绪围绕，或开怀大笑，或会心微笑，并经常聆听欣赏美妙的音乐。敞开胸怀专心享受生活给予你的一切奇妙美好的礼物。

不可思议的是，这世界上还有数以千万计的人们通常为一些微不足道的琐屑小事而焦虑，就好像焦虑已经成为他们生活中不可或缺的一个重要部分。其中一些人看起来似乎依靠焦虑度日，以焦虑为己任！他们永远不会心满意足除非生活中有事情可以让他们焦虑！

焦虑会导致心力交瘁，使人为之宣泄和浪费过多的情感和精力，损害人们的免疫系统，破坏他们的举止和风度。消除焦虑，你就能如释重负，宛如新生。你还能重获激情和活力。告别焦虑，去品味和享受生活吧！

每日箴言

我能做的也很少很少，所以，我决不会浪费时间来忧虑，因

第八章 超越无限的人生

为忧虑百无一用。

——拿破仑·希尔

焦虑是人生的毒药，是滋生无数罪孽和悲惨不幸的温床。在这个充满不确定的世界里，我们可能已经极度失望，挣扎在痛苦中寻求一丝幸福的希望，那么为何还要纵容焦虑来扰乱折磨我们的心灵？难道凭焦虑，我们就能改变这一切或是解开神秘的人生之谜吗？

——帕克斯顿·布莱尔

永远不要等待

拖延行事是因为惧怕成功。人们习惯拖延是因为他们知道，一旦付出努力就肯定会赢得成功，然而同时他们将不得不承担起与成功俱来的沉重责任。相比之下，拖延和只活在"总有一天我会"的人生哲学中要轻松惬意得多。

——丹尼斯·维特利

你是否正挣扎在一个已没有任何发展潜力的工作职位上，想要离开却又顾虑重重，进退维谷？你是否仍执着于一段名存实亡的感情，犹豫再三却又欲罢不能？你是否想移居到其他地方，却仍然思虑再三，踌躇观望？

像这种迟疑拖延的例子在人们生活中随处可见，不胜枚举，只不过不同的人拖延的程度迥然而异罢了。你很可能已经下定决心想要获得更好的体形，想减肥，想身体更加健美。你可能已经买来了指导减肥的书籍，或是已经兴冲冲地把健身器材从商场搬回了家，又或者你雄心万丈地加入了健康俱乐部。然而，做了这么多准备工作后，你却半途而废。可能你试过制定戒烟的计划，然而却迟迟不去实施。也许你早已发现一个令你倾心的魅力难挡的迷人对象，然而你却始终未对其表白心迹。

当然，我不是说你应该把迟疑拖延的情况从你生活中彻底消灭掉，这是不现实的。我们每个人总是会迟疑去做这样或那样的事，这是很正常的。

然而重要的是，你必须意识到这个问题，并且有意识地去避免它。不要总是为自己未能完成的任务找借口。对于那些最重要，最能给你带来收益的事，你应该尽快着手去做。

你的人生将因为拖延而变得顾虑重重，压抑保守。你其实只是借着拖延来暂时逃避令你担忧恐惧的事。但拖延是无法真正解决问题的。你必须学会战胜自己内心的忧惧而不能靠一味延迟行动来做挡箭牌。只要消除了忧惧，你就再没有拖延的理由了。要勇气充沛、激情饱满地去做那些对你而言具有重要价值的事情。你可以无所畏惧地放手去做任何自己想做的事。

仅仅在心里期盼愿望实现是于事无补，没有增益的。那不过是痴人说梦，白白浪费大好时光。一件事能否做成功的唯一关键在于你是否真的着手去干。从本质来说，拖延是一种拒绝改变、逃避内心恐惧和承担责任的权宜之举。如果你乐意，你可以继续保持现状，不去操心将来的事。你也可以永不失败，因为你从不曾尝试。当然很合理的，你也永远不会成功。

从今天起，认真算算你拖延了多少重要的事没做，然后一次做一件，把这些事都从头到尾地仔细完成。不要再拖延了，马上

行动起来！万事开头难，每向前迈出一步，后面的事做起来就会越来越容易。每完成一件事，你都将会感觉更好，并且会越战越猛，满怀兴奋和激动地全身心投入下一件事。同时你还将体验到美妙的成就感和内心的自由。

不要因为焦虑或忧惧而减缓你行动的步骤。如果你想减肥，那就从今天开始。如果你想戒烟，那也从今天开始戒除。如果你想要一份新工作，那么今天就着手去四处寻找。

我过去同样习惯于拖延，遇事总是延迟再三。那时，我严重超重，体形看起来臃肿不堪。当我终于下定决心要改变这一切时，我真的着手去做了，并且收到了良好的效果。从那以后，我就一直严格遵循一整套定期健身计划，保持着良好的体形和健康状态。一直到今天，这套健身程序已成为我生活的一部分。

多年以前，我也是个嗜烟如命的瘾君子。在某个下午，我终于决定戒掉这个要命的坏习惯，提升我生命的质量和长度。我扔掉了香烟，从此再没碰过一根。刚开始做起来很艰难，一段时期里，这个决定带给我难耐的痛苦折磨，从精神到肉体上。但是我想这样的代价是值得的。现在，我再也没想过抽烟的事了，那样的欲望是一点也没再出现过。

我曾经浪费了生命的许多大好时光来拖延和迟疑。当我最终意识到完成一件事比永远不去做能带给我生命中更多的欣喜和体验时，拖延的习惯就从我的生活中完全消失了。一旦你改掉了这个危害性极大的坏毛病，你也能感受到我曾经体验过的那种难以言喻的惊喜。你会惊叹原来你也可以拥有如此美妙的快乐感受。

如果你想生活有所改变，那么你就必须立即着手行动。幸福和快乐是不该被延期的，美好的生命也禁不起拖延。

憎恨他人与为除去一只老鼠而烧掉自家整幢房屋的行为无异。

——爱默生

畏惧就像是空气中的腐蚀性气体，它会导致精神、智力和灵魂的窒息，甚至死亡。那是一种宣告你所有力量和成长终结的死亡。

——霍瑞斯·弗列卓

千万不要发怒

在麻烦事未发生之前的焦虑，等于是预先向其支付利息。

——威廉·尹治

如同所有的情绪一样，怒由"心"起。事情本身并不能使你愤怒，只有你自己才是愤怒的肇始者和根源。在社会上，愤怒就像瘟疫一样，严重危害着个人和群体。

对一切积极的目标而言，愤怒都无益处可言。它只会导致你做出许多日后会令你悔恨的过激行为。愤怒有多种外在表现形式：憎恶、仇恨、敌对、狂暴，以及更可怕的暴力行为。愤怒会严重损害你的健康，它会引发心力衰竭、高血压、失眠症、溃疡病甚至更糟。

愤怒的情绪会蒙蔽你的心灵，使你无法以愉快平和的心境享受人生，它的危害是如此可怕，因此你一定要尽力去控制和消除

第八章　超越无限的人生

167

它。当你被骚扰或被人攻击时，千万不可心生愤怒。否则会引发你愤怒情绪的对手以怨报怨，用同样狂暴的愤怒来回击你。

你的生活中可能会遭遇一些令人不快的经历。然而愤怒心烦并不能改变局面、解决问题，愤怒的情绪只会带给你更多的损害，并危及那些与你关系亲密的善良人们。

你要学会在内心控制自己的情绪。试着用欢笑去化解愤怒。保持幽默感，用达观的幽默来潜移默化地感染你身边的人们。一定要始终胸怀积极的心态。

人们总是浪费太多的时间在他们无力改变的事情上：如竞赛、政府、股票市场、交通和天气。下一次在你的愤怒情绪就要爆发之前，扪心自问是否会有人因为你的愤怒而得到任何好处。当一件令人心烦的事发生时，你需要先花一点时间来仔细分析一下情势，将事情的方方面面了然于心以后再对它做出正确的反应，而不要在未搞清状况之前就急于表态回应。在做出决定之前，你用来分析事情来龙去脉的时间越长，你愤怒的可能性就越小。

每日箴言

使人发狂愤怒的往往不是今天发生的事，而通常是因为对昨日之事的懊悔，以及对即将来临的明天的恐慌。

——罗伯特·博德

洗尽内疚重上路

我们不应该追悔往昔，纠缠其中无法自拔，除非我们能从过去的失误中学到有用的教训，或是从那些曾付出高昂代价的经历里受益。

——乔治·华盛顿

消耗你人生的大好光阴来悔恨过去曾做错的事或说错的话，任由负罪感和内疚如同蟒蛇般咬噬折磨你的心灵，这样的做法是没有丝毫价值的。你不可能改变任何已经发生的事，除非你有一架时空穿梭机。不断地在内心重温过往那些不愉快的事又有什么意义呢？你既然不能使时光倒流，无法让你的人生从头再来，那么内疚、懊悔、自责或是羞愧真是空洞无用、苍白无力的。

但是你可以从过去的失误和过错中吸取教训。如果你曾经做过一些使你现在想起来就懊悔万分，恨不得从未发生过的事，不要紧，你无须挣扎在充满内疚和负罪的深渊里，直至被彻底摧毁击垮。你只要引以为戒，确信这类的错误你绝对不会再犯就够了。把以往的过错当作提高和发展自己的经历。

负疚感只会引发你愤怒、困窘难堪或者灰心沮丧的不良情绪。它完全是在浪费你的美好年华，而你本该用这些被消磨掉的时间去做更多更有价值的事。

不被负疚感所纠缠并不意味着你不在乎所犯的错误，或对过错视若无睹，听之任之。你可能会将一切的内疚悔恨的感受永远深深埋藏在心底。我的意思是说，不偏执于负疚感其实是让你能更有效地从过去的经历中吸取教训，积极地展望未来。

不要让他人利用你的负疚心理，包括你的上司或是你的同事。他们故意装作是你所犯过错的牺牲品，装作是因为你的失误才导致了他们诸多的巨大损失。其实骨子里，他们不过是为了故意刺激你的负罪感，然后更大程度地压榨你，从你那里获得更多的好处。他们并不是存心使诈或是邪恶透顶，他们只不过在耍一套人际关系中常见的便利把戏而已。

你日常的行为和欲望同样会使你产生负疚感。但是仅仅内疚并不能将你从沉重的责任中解放出来，你仍然必须时时对你的行为和思想负责。所以，从现在起就告别负疚感，接受你已经无法重写自己的过去这一事实，勇敢为你所做过的一切承担应负的责任，并努力从中学到富有价值的经验。

每日箴言

无须为昨日的伤悲白费眼泪

——欧里庇得斯

人际交往的技巧

乐观品格的重要性

在你所有的穿戴中，你的表情是最重要的。

——珍妮特·雷恩

成为一个可爱的人，这是成功的基本要素。你的品格是由各种特质构成的，正是这些特质使你与众不同。你的处世态度、个性、气质风度，以及你的思想都属于你的特质，标示着你的身份。你的穿戴着装、你与人握手的方式还有你的面部表情也同样彰显着你的个性。

你需要努力培养与他人相处的能力，真诚地向他人表明你对他们怀有善意的兴趣，你衷心希望能更加了解他们。这能激起他人向你表达和展示自己的渴望。当别人向你倾诉时，你要学会静静地耐心聆听。

树立一种积极乐观的品格是从你的内心开始的。你必须摒弃内心一切消极的情绪，否则你将无法使乐观积极的情绪进驻到你的心中。比如，如果你的心中充满恐惧、贪婪或仇恨，你就可能永远也无法体会积极的心态。通常来讲，人们大多会被具有乐观品格的人所深深吸引。

消除消极思想的方法之一是尽力去赞美他人，而不要吹毛求疵，严厉苛责。这能带给你积极愉快的感受。告诉别人你觉得他们是多么的重要和富有价值，多注意他们的成就和优点，而不要浪费时间来挑剔评判他人。

如果你能毫无保留地公开向他人表达感激之情变成你的习惯，那么你就会因此为自己赢得人们更多的尊重，更愉快地享受人生。这些愉悦的感受会渗透入你的品格中，通过交往，你得以将它们与人分享。

当你与人互动交往时，记住：要满怀热情和诚信地与人交谈。

展现乐观品格的另一个方法是学会使用权宜手段。不要冒犯他人，更不能采取对抗或傲慢支配他人的姿态。要学会取悦他人，采取合作的态度，多听取别人的观点。如果你不同意他人的观点，可以说出你的不同意见，但要用一种得体、令人愉悦的方式。

为什么你要采用目前自己的那些行为方式和思维方式呢？它们难道不都是你自愿选择的结果吗？

你的品格和个性完全是你自己塑造的，因此，很显然你同样也可以依靠自己的力量和能力去改变它。你可以随时开始着手培养乐观的品性，只要你愿意。你并不需要具备更高的智商或是新的才能。你已经具备一切必需的东西。你从今天就可以下决心改变自己，去获得你渴望的乐观品格。

当你读完这本书后，就按照其上所提供的原则和方法去实践。它们能帮助你改善习惯，获得你渴望的健康心态，增强你的自信心，以及克服内心的恐惧感。

不要在意别人怎么说、怎么看你，只有你自己能主宰自己的个性。许多人相信各种外部力量支配操纵着他们的行动和思想。但事实是，社会或传媒并没有左右支配你。你的伴侣或家人也没有支配你。你父母从小培养你的方式也仅仅只影响了你过去的行为。

现在是你自己在掌控着你的行为和思想。因此，你完全有能力摈除以往养成的不良习惯，而代之以新的习惯。

第九章　人际交往的技巧

　　还有一些人声称他们的生活业已定型，不可能再改变了，很显然这只是一个借口。你可以做任何事，成为你理想中的任何一种人。

　　这是你人生的转折点。如果你选择相信你的人生已经注定，而你也不可能有什么改变，那么继续读这本书对你来说没有任何意义，你完全可以现在就将书合上，弃置一旁。你也可以选择立即改变你昨天或是上一周还采用过的行为方式，自由决定你今天将如何开始新的人生。遗传或往事丝毫不能支配和决定你这一刻或是将来要做什么。只有你自己才能掌控一切。

　　你可以从现在起就成为一个快乐成功的人。相反，如果你始终固执地认为是你过去的经历操控决定着你的未来，你也许永远也得不到你渴望的人生。你只能永远生活在过去的阴影里，无法解脱。

　　的确，童年的经历影响着每个人，对你也不例外。然而，它并不能操控你。它只能说明你现在的处世态度和行为方式产生的原因。

　　你能够选择令自己满意的生活。你的思想和意志能帮助你消除一切怀疑。

　　认真确定你想成为哪一类人。你想克服羞怯感吗？想获得高度的自信吗？是否想消除焦虑和恐惧心理？每天都花一些时间来思考你理想中的那一类人，坚定信心你就一定能做到。

　　设想一种没有愤怒、沮丧、仇恨、压力，充满安全感的生活。每天朝着这个理想努力，你会发现越来越容易控制自己的情绪。我以前的生活也被那些令人心烦绝望的情绪所包围，后来我努力去消除它们，终于获得自由的心境。

改变自己的最好方法就是当作自己已经改变成了一个全新的人，并按照新的方式行事。习惯逐渐成自然，很快这些行为方式和态度就会融入你的个性，成为不可分割的一部分。

行动前要预先设想清楚。消除先前对自身的一切成见和怀疑，如果怀疑仍然存在，你将发现要想改善和发展自己的品格是举步维艰的。

不要因为任何人或任何事而气馁，还要常常鼓舞和激励自己。把你意识到并希望改变的不良心态、情绪和个性上的缺点一一列出。例如，你可能很想克服易怒、恐惧、妒忌猜疑、自满骄傲等毛病，或是想从一个悲观的人变成乐观主义者。那么你就把这一切整理列表，用以时时鞭策监督自己。

那些被公认为幸福快乐的人通常都满足于自己目前的生活状态，并且能坦然接受自己的过去和勇于面对未来。他们从容不迫地按照自己的原则生活。他们严格依照自己的作息时间来安排饮食、睡眠、工作。他们接受自己的局限，目的明确，与他人建立健康和谐的关系。他们可能是雄心勃勃的，但却绝不自私。他们将遭遇生活未知的挑战当作享受，并乐在其中，从而得以不断的成长。

德国心理学家伊丽莎白·纽曼对品格特性做了一项研究，她将这项个性指标称作"品格力"。她发现这个指标与外向性格和自负性格之间有紧密的联系。品格中拥有这个特性的人大都是以乐观的心态看待这个世界。无论是在个人生活或是工作中，他们往往比其他人更积极活跃，也更成功。他们通常处于领导者和具有影响力的地位。

而对于那些处于社会经济底层的人来说，"品格力"显得尤

为重要。相比较而言，那些富有或受过高等教育的人并不那么迫切地需要这种力量，因为他们可以通过财富或社会地位来弥补其个性上的不足。如果你很贫穷，那么一种坚强的品格一定能帮助你实现成功。

切记：你现在的一切状况都是你的思想造成的。你的心态、恐惧和习惯都是听从你思想指导的。要改变它们的唯一的方法是改变你的想法。一旦你改变了自己的想法和观念，你就一定能成为你渴望成为的那种人。

研究表明，拥有坚强品格的人往往比其他人更加充满积极的好奇心，并且更乐意尝试新的任务。他们从影响他人中发现乐趣。他们通常毫不自私，并且更加主动地致力于帮助那些个性软弱的人。同样，你也可以拥有坚强的"品格力"。

每日箴言

生生不息、永不枯竭的美好天性是上天赐予人类弥足珍贵的礼物之一。它就像是橄榄油，轻盈荡漾在充满暗礁、躁动不安的思想之洋上，滋润抚慰着人们的精神，使人类的心灵之舟随时保持平衡，哪怕面对最狂暴可怕的天气。

——华盛顿·欧文

悲悯之心的巨大价值不容置疑，亦毋庸赘述。每个人都知道批评指责别人，只有真正有信仰的人才能拥有悲天悯人的胸怀。对于个人而言，没有什么比发现自己处于极缺关怀，无人理解的孤独处境所承受的心理负担更沉重的了。

——亚瑟·司登贝克

结交最好的朋友

每个人一生中的某个时刻，内心的生命火种会黯然熄灭，然而却也会因为与某人的相知相遇重新燃起熊熊的火焰，迸发出热烈闪耀的光芒。对那些重燃我们心灵之火的人们，我们应满怀感恩的心。

——阿尔伯特·茨威格

在你的个人生活或职业生涯中，无论你做什么事，你的心态都是成功和幸福的关键。你同什么人交往，深深影响着你所获得的成功的程度和大小。

和消极悲观的人在一起，你也会变得消极。他们总是喋喋不休地提醒你不能做这个，不能干那个。他们还可能用一些令人沮丧的话语来阻止你的行动，诸如经济衰退、他们遇到过的困难、你的生活中很快将出现的问题以及糟糕可怕的前景。如果你够"幸运"，他们还会对你说说他们的病。听完这些话，你可能会感到沮丧透顶，或是对一切感到倦怠冷漠，提不起精神。他们传递的消极信息会腐蚀耗损你向前的动力和决心。

而同那些热情饱满、积极向上、乐于助人的人在一起，你又是何种感觉呢？你或许会觉得被他们所振奋鼓舞，然后学习采用他们对待人生的积极态度。你会感觉焕然一新，感到浑身又恢复了蓬勃的活力，鼓起信心继续追求你的目标。

如果你可以选择，你难道不愿同这些积极乐观的人交往吗？你的确可以选择，你有绝对的主动权决定和谁相处交往。

如果你身边尽是些消极悲观的人，那么从现在起，你必须着

手做点什么来改变现状。你要开始发展与积极乐观的人的关系，找寻那些富于行动、乐于助人、目标坚定的人。如果你的同事中有具备这些特质的人，你可以向他们学习，发展自身。

与你交往的人无论从认识还是行为方式上，都能对你造成深远的影响。仔细在内心分析每一个与你交往的人，认真思考你的每一段友谊、工作中的人际交往，以及你在任何场合产生的人际关系。那些同你有关系的人都会对你的无价珍宝——思想，产生意义重大的影响和冲击。

当你与积极乐观的人们交往时，你通常会自我感觉更加良好、更具有成功的自信。你能变得更积极乐观，因而使人们乐于与你交往。

我以前仅仅认为与乐观的人交往很重要，然而现在我懂得这是成为一个快乐的成功者必不可少的基本要求。

在发展人际关系上，成功人士总是尽力避免同那些会阻碍他们成功的人打交道。其中包括那些缺乏幽默感或心态消沉的人，那些总是试图改造别人的人，那些苛刻挑剔的人，那些会浪费他们太多时间的人。同时，他们也拒绝那些不守承诺的人，那些猥琐、不诚实或自私自利的人，以及那些总是作威作福、不可一世的人。

你应该学会多与这样的人交往：能够给你以激励的人，满怀好奇心、富有创造力的人，坚定目标，努力工作的人，对他人富于同情心和尊重的人，而尽量远离那些使你沮丧消沉的人。你能因此更快地到达成功的彼岸。

让自己变得对他人而言是重要并且必需的。

——拉尔夫·爱默生

真爱和善心在人际关系中卓绝的重要性从它们对个人和社会巨大的仁慈感化作用中得以充分展现。

——乔治·伯克霍夫

多与成功者交往

成功往往系于一念之间。

——弗兰克·泰格

成功人士善于与人相处，因为他们深谙人际关系的奥妙。他们懂得必须尊重那些每日与自己交往的人。

如果你不善于与人交往，那么你获得成功的可能性不仅非常渺茫，而且万分艰难。无数聪明而又极具才华的人，由于不能与他人建立积极和谐的人际关系而生活得异常艰辛和苦闷。

每个人都能学会与人交流的艺术，而且也必须学会。

当你以一种积极乐观的方式与人交往，你身边的人也会被你快乐的情绪所感染，而你会感觉更乐观，这种乐观的态度能把那些同样乐观有趣的人吸引到你身边。

与人交往的两个最重要的必备特质是富于同情心和能将心比心，要多从他人的角度考虑问题，为他人着想。

对他人付出同情心不会让你花费任何代价，却能使你获得积

第九章 人际交往的技巧

极美妙的感受。如果你满怀同情的对待他人，向他们表示你的关怀，你会得到意想不到的巨大收获。

当与人交往时，你同时要学会做你自己，忠于真我。不要戴着面具做人，伪装成别的样子。一定要做真实诚恳的人。

要对人亲切礼貌，展示自己高尚的风貌、善意仁爱以及对他人表示真诚的尊重。一定要抽出时间回复他人的信件，答谢别人对你哪怕只是很小的一点帮助。路遇相识的人时，应该主动点头问候，对他人的招呼要热情回应。在适当的时候体贴关怀他人，或向人表达自己的感激之情。不要吝啬给予那些值得被表扬的人以慷慨的赞美。

在这个广袤的世界里，人类没有必要让自己变得私心自利。我们不能过与世隔绝的生活，他人也不能远离我们而生存。在家中、生意场上、学校里以及在世界任何一个角落，我们都离不开别人的帮助。我们应该学会与人协作而不是处心积虑地争斗，人类融和的价值远远大于分裂。

这个社会中有太多的人目光短浅，思想狭隘得如同井底之蛙，他们看不到周围的世界，眼中除了自己还是自己。他们只按照自己的意愿行事，丝毫不顾及他人。人们应该为一个更大的群体充满责任感，那就是人类。

日常生活中，大多数人都不乐意承担责任去做任何需要他们越出自我的狭小天地去帮助别人的事情。无论他们走到哪里，如小食店、银行或政府公共机构，对于帮助别人的事，他们总是希望做得越少越好。他们的眼界从不会越过自我半点。

不论是在工作、购物或者享受他人的服务，你与人相处时的乐观积极态度应该是自然而然发自肺腑的。让人知道你非常重视他们，而你也很乐意为他们服务。如果别人帮助了你，你要由衷地感谢他们，称颂他们的帮助是多么的及时、重要。

责任感是一种非常重要的品质。如果你承诺要做某事，你就一定要做到。如果你对自己的能力有所怀疑，那么一开始你就不要信誓旦旦地胡乱许诺，因为你对别人给出的每个承诺，都要承担责任。例如，如果你与别人约好在某时某地见面，那么你就一定要准时到达；如果你答应要为某人做什么事，那你就必须做好，无论这项任务看起来是多么微不足道的琐屑小事，你都要尽力完成。

对他人要以宽容的心去耐心对待。个体差异是普遍的，人与人是迥然相异、各有千秋的。所以我们应该学会去包容他人，接受他们的本来面目。有的人也许秉持截然不同的信仰或生活方式。不要试图去批评或挑剔他们，那只会显示出你的浅薄无知。

当你为某人工作时，你要试着去建设一种互惠互利的局面。时常走出自我的狭窄圈子去帮助别人，给他们带去意想不到的惊喜。如果你时刻专注于如何为他人和社会提供更多更优质的产品和服务，你就一定能获得成功。

你不要通过牺牲或损害你的生意合伙人为代价赢取成功。如果你能给予他们足够的尊重和信赖，你同样会取得成功。要做一个善于体贴同情他人、以顾客为上帝的生意人，为他人提供真正卓越有价值的服务。尽力满足顾客的要求，让他们开心。

你应该学会如何与人相处这项最重要的生活技巧。你的领导技巧和人格魅力直接关系着你是否能获得成功，远比你所掌握的任何技术性的技艺对你的人生影响深刻广远得多。

尊重他人的感受和想法能使他们感到自己的价值。人们都喜

欢体会做一个重要人物的感觉。你要去慷慨地赞美他们的一切成绩，和他们一起为此庆贺。人们都喜欢被赞美奉承。

假如你诚心想帮助别人，那你就不能对他人的行为横加指责，动辄严苛批评。批评毫无建设性，只能引起别人的反感和对抗情绪，相反招致怨愤。你要尽量去更多地了解别人，找出他们为什么会这样做的原因和苦衷，帮他们一起改进，多使用和善真诚的建议。试着去理解他人，而不是一味地妄加评判。

竭力弄清楚他人的渴望和需要，学会从他们的立场看问题。不要武断专横、顽固偏执，否则你会因此而忽略他们的意见。要从多角度、多个完全不同的侧面看问题，你就会豁然开朗，收获出乎意料的惊喜和收益。设身处地地为他人着想，将心比心，你就能理解他们。你能因此同他们建立起和谐融洽的关系。

对别人善意地表示出你想了解他们的兴趣，倾听他们的诉说，给予他们自己力所能及的帮助。不要作茧自缚，一门心思只关心自己的需要。

人们活在这个世界上，需要同心协力。如果你私心太重，你将过得非常孤独。正是因为他人的存在，我们的生活才变得富有意义和价值。与人交流能带给你无数灿烂温馨的欢乐时光。如果你缺乏对他人真诚的关怀和兴趣，你可能永远也无法获得真正意义上的成功。

关注他人的兴趣和爱好，鼓励他们敞开心扉，尽情抒发自己内心的感受。不要在交谈中急不可耐地表达自己的意见或总是将自己置于中心地位。学会耐心地倾听能使你获益匪浅。如果你能合上你的嘴而敞开你的心灵和头脑，你所得到的回报将是无与伦比、不可限量的。

使别人感受到他们的重要性，让他们感觉自己被人需要并且是不可取代的，让他们看到自己的不菲价值。对他人的意见要表示出诚挚的尊重。尽量欢迎并接纳不同的观点，将它当作可以学习的经验。多花时间听他人说话。

与人交往还要懂得使用外交手段和机智得体的辞令，尽力去发现他人思想中你能够同意的部分。你如果直接挑战他人的观点，只会使他们对你产生戒心和抵触，你这样做无疑会将自己置于劣势地位，相反，如果你采用一种权宜之计，谦恭地接近他人，你就能更好地达到自己的目的。

在与所有人的交往中，你都应该做到以诚相待，真心相对。严格依据心中一整套道德律令和价值标准来指导自己的日常言行，在不侵犯他人权利的前提下获得自己的成功。

要花时间来认真思考并确定自己伦理道德方面的信仰，并坚定不移地按照自己的信仰去生活。你对他人都怀有什么样的目的呢？你是否认为高度诚实是一种无价的珍贵品质？你很憎恶并抗拒欺骗行为吗？你的价值标准是怎样的呢？

在这里，我不会向你建议应该按照什么样的价值标准去生活，那是你的自由和权利。但是，我想说的是，那些拥有最高道德水准和人格的人通常会取得更高层次的成功和幸福。

每日箴言

伸出你的双手去提升和支撑他人，没有比这更好的心灵锻炼了。

——约翰·赫尔莫斯

快乐是一件来之不易的困难事，因为只有通过使别人快乐才

能真正实现自己的快乐和幸福。

——斯图阿特·克洛特

我常常困惑，为什么人们不多重视仁慈所蕴藏的非凡力量？众所周知，仁慈是感动人们心灵最有力量的控制杆，其力量并非纯粹的机灵和狡猾的精明所能企及。仁慈，它保证着"人类"这架庞大机器的顺利运转。

——安德鲁·柴夫曼

掌握合作的艺术

忘记自己问题的最佳方法就是努力帮助别人化解他们的问题。

——佚名

联合志同道合的人一起工作是通向成功的最行之有效的方法之一。与他们共同分享你的梦想，通过合作你们能够碰撞出奇妙的思想火花，结出富于戏剧性的神奇果实。

在生意场上，这样的事情屡见不鲜，几乎每天都在上演。无数事实证明，拥有相同理念的商家业主，即使他们为社会提供的服务和产品各异其趣，迥然有别，只要他们采取合作的态度，往往能获得双赢的局面，甚至取得更大的成功，远胜于作为对手在市场上竞争对抗。

合作同样有助于个体的发展。当两个人联合各自不同方面的技能和才干，朝着共同的目标奋斗，他们往往能收获更丰盛的硕果。

合作才能共同发展，这是放之四海而皆准的真理。如果你学会与人合作而不是对抗，你就能够更深刻地体悟人生的真谛，活得更丰富圆满。在你追求目标的道路上，与那些有同样目标并且具备你所欠缺的能力的人结盟合作，你能取他人之所长来补自身的不足，从中获益。

几乎所有的成功团体，无论规模大小，都是由与众不同，各有千秋的个人所组成，每个人都能提供其他成员所不具备的特殊才能。你也需要与他人合作来达成自己的目标。

共同协作往往比单枪匹马的个人奋斗更容易成功。不要让你的自我意识成为成功路上的绊脚石，你需要他人的帮助。

与人合作能营造平和安宁的生存环境，而永无休止的争斗只会导致毁灭。不必要的冲突对任何人都有百害而无一利。与人合作不仅能提供你所需要的一切，还能带给你平常心去享受生活。

"予人方便即是予己方便"，这是生活的黄金法则。虽然听起来像陈腔滥调，然而却是最值得学习的经验之谈之一。还有一句与此相仿的至理名谚同样重要："种瓜得瓜，种豆得豆"。

如果你能按照以上的原则来生活，你就能获得成功和幸福。相反，如果你以蔑视、欺骗、操控玩弄以及谎言来对待他人，那么总有一天，你会得到同样的"回报"。满怀悲天悯人的爱心善待他人，你就能收获同样至善的果实。

这个建议听起来也许太简单朴素了，事实也的确如此。然而却少有人像我建议的那样去生活。他们忙于算计如何通过争斗从别人身上榨取更多的好处。无论在商场上抑或在个人生活中，他们的唯一目标是占有比别人更多的东西，蝇营狗苟。我每天都痛

第九章　人际交往的技巧

苦地看着这样的事一幕幕上演。

不要耗尽心思地把你的成功建立在他人的损失之上。否则，你会寝食难安，很难享受和品味成功的喜悦。学会与人合作并帮助他们。在你的成功旅途上，让他人与你相知相伴，共同分享。

从别人手中抢来的成功不能算作真正的成功。你应该靠自己的辛勤努力去赢得成功。只有当你感受到快乐，你才算拥有真正的成功，而只有当你使别人也感受到同样的快乐，你才算是真的快乐。

那些穷尽毕生力气去追名逐利，对他人漠不关心、缺乏尊重的人永远也得不到真正的幸福。他们往往最终成为自己欲望的奴隶，从未品尝过真正快乐的滋味。

对人要以诚相待，尊重礼让。这样做能增加你所得到的回报。宽谅他人对你的不公正对待，以德报怨能使你的品格更加高尚，加强你人格的力量。

慷慨大度地对待他人，不要期望别人回报以同样的态度。你的慷慨和善意不仅仅带给你今天的愉悦和欢乐，还能泽被你的将来，带给你绵延不绝的收益。

真正的幸福只能通过帮助别人而获得。真心帮助他人实现梦想，你也一定能够美梦成真。

每日箴言

只要有人类的地方，总是可以开出璀璨的善良之花。

——塞涅卡

良好的人际关系的根本基础在于友善和真诚。在我看来，正确的商业观念是本着友善的诚意去处理一件或一系列的事务。然而我知道有许多人，他们在人生旅途的每一步路上都是那么的冷酷无情，与之交往令人寒心。生意的定义远不止于单纯的物质价值的交换。如同人生的其他方面，我们从事商业也应该保持健康友善的态度，这会使我们的每一天过得更欢快明朗，更加充满意义和富有价值。

——查尔斯·瑞勒

学会给客户提供额外的服务

如果你给予人们足够的帮助使他们得偿所愿，你也将因此得到你想要的一切。

——佚名

面对一美元的报酬，如果一个人总是思考如何运用自己的技能和富于创造性的想象力为这一美元竭尽所能地多做一些贡献，而不是挖空心思地算计如何投机取巧，他就一定会赢得成功。

许多生意人和他们的雇员总是尽可能地减少对客户的服务，对他们而言，最好少到没有。为了削减成本提高利润，他们提供给委托人或顾客的服务通常只与客户支付的数额相抵，有时甚至更少。

回想一下你几天或几周前与某人做的那笔交易，你是否觉得你的投资得到了额外的报偿？离开那家公司的时候，你是否想过下次愿意继续与那人合作？如果是，那说明这家公司的雇员很有可能是按照希尔先生所提倡的那样，已经将"多做报酬以外的工

作"变成了一种习惯。作为顾客，我的经验和体会是双重的。当我的投资得到了上乘的服务和回报，我会与那家公司继续生意合作关系。然而大多数时候，我都不得不应付那些不友善的雇员，他们不但没把服务客户当成乐事，反而把服务看作是麻烦的苦差事，巴不得越快结束越好。显而易见，对于这样的公司，我当然不愿意再和他们打交道。

不论你是老板或雇员，如果你想成功，那么你就必须去培养这种重要的习惯：学会给客户提供额外的服务。

其实，希尔的建议并不仅仅适用于生意。你可以把"给予额外的服务"变成习惯，可以给你的恋人、朋友、家人以及你遇到的每一个人，而绝大多数人都想不到这一点。

走出你惯常的生活轨迹，给他人带去快乐。作为回报，你也会变得快乐和满足。为他人提供优质服务和意想不到的惊喜，使他们感到物有所值，你想要建立成功事业，没有比这更好的方法了。这是个简单易学的习惯，只要坚持下去，你一定会到达成功的终点。

一旦你找到了真正的人生目标，这个习惯将下意识地跟随你。这是因为，一旦你确定了自己热爱的目标并朝着它行动起来，你就能激发起内心的热情，这种热情能调动起你给予人们额外报偿的积极性。

对于你热爱的事情，你往往愿意投入全身心一直去做。你通过做你喜欢的事去赚钱，而你的客户又能因此从你这里得到意想不到的额外服务，如此一来，每个人都成了赢家！

只要你提供高水准的服务和价值，你的客户就会一直与你合作。然而事实是没有人真的做到了像这样去生活和工作，我对此感到非常的困惑和不可思议。许多人都只想着如何用最少的投入赚最多的钱。如果你能打破这种偏执和狭隘的想法，给予他人额外的东西和礼物，你就会消除所有令人紧张头疼的竞争。

如果你真的热爱你自己、你的工作和你的生活，你是会很乐意给予他人额外的"甜头"。相反，如果你一心只想赚钱，要养成这样的习惯无疑是很困难的。

从事自己喜爱的工作，你往往能长时间地全身心投入，精神抖擞而不知疲倦，并且更富创造力，效率更高。你会满怀火热的激情去完成工作，而你也会因此更快速地朝着成功迈进。

从事自己喜爱的工作，你还能大大提高工作的质量和水准。你可以一举两得，一石二鸟：良好的经济效益和快乐的心境，而后者是用金钱也买不来的无价之宝。

通过服务他人，你可以树立自己的声誉。给予人们超出期望值以外的额外服务，你将会因此从众人中脱颖而出，无论你从事什么行业，人们都会更看重你。当你的贡献被大众所认可，你也将从他们那里得到更大的回馈。

为他人提供额外的良好服务不仅能提升你的个人价值，还能将你的生活技能发展至更高的层次。把服务客户、朋友以及所有你所爱的人当作是自己的一项特权，这是一种能为你带来无穷非凡回报的投资。

人们都应该多思考如何给予，而不是处心积虑地囤积财富，试图操控或对他人施加影响力。真正意义上的"给予"是不带任何附加条件，也不预先期望什么回报的给予。

"一来一往谓之礼"，说的是礼尚往来的道理，给出去的一定会回来，这个说法是很准确的。在生活中，你给予他人的越

多，你所得到的回馈也越多。你可以给予一切东西，比如你的知识、金钱、才能或时间。哪怕是一个淡淡的微笑、一句友好的嘘寒问暖，都能打动他人的心，赢得他们的真诚感激。

多为人们做一些在他们期待值以外的事，这会带给他们意外的惊喜。与人为善即是与己为善，要将人际关系建立在互惠互利的基础上，你提供给别人的帮助总有一天也能成为对你的帮助。

每日箴言

懂得施予的人会赢得整个世界，而那些不知奉献的人最终将一无所有，两手空空。

——印度民谚

一般说来，只懂索取者无法得到幸福，而给予者却总是能得到一切美好的东西。仅仅给予别人一些微不足道的东西就能使自己获得快乐，比如一个体贴的举动，一个有用的点子，一句感谢的话语，给困难处境里的人的一次提举，予人一种善解人意的感觉，或是一个适当的建议。从你的思想和心灵中掏出善的内容，饰之以仁慈和友爱，把它们传递到别人的头脑和心灵中。

——查尔斯·布尔

宽恕的力量

我们必须学会如何去宽恕，但不是当作任务或强制命令来完成，而是把它看成一种类似于体验爱的经历，需要自然而然地进行。

——席欧多·斯庇尔斯

宽恕是我们应该具备的最重要的美德之一。不懂得宽恕是极其危险有害的，它会使你变得脆弱、嗔怒、怨天尤人以及执着于报复，只会耗尽你宝贵的精力。

如果你不懂宽恕，你就会陷在痛苦的深渊里不得救赎。我永远忘不了，正是学会宽恕使我卸下了心中沉重的负担，感受到了一种难以置信的自由和轻松。只有学会宽恕，你才能幸福和快乐。

你能从自己每一次的生活经历中学习经验。你生活中遇到的每 10 人都能教会你一些东西。不要因为人们对你做过的错事而愤怒。怨愤的感觉生长在你的体内，所以它只会伤害到你自己，而不是其他人。

愤怒导致压力和紧张情绪，而宽恕将把你引领至欢乐和谐的美好境界。愤怒和宽恕，你选择哪一个呢？当你对他人横生怒火时，通常是因为他们做了某些事情使你感到不满和心烦。如此一来，你的情绪其实已经被他们的行为所牵制和操纵。除非他们彻底改变，否则可怕的愤怒将永远纠缠和困扰你。

宽恕是一种力量。你可以运用这种力量来打败愤怒，阻止它妨碍你享受人生的快乐。宽恕是能帮助你控制自我情绪的最有力的工具之一。

在生活中学会去宽恕，如果你做到这一点，你的人生将过得更加快乐幸福。

每日箴言

不懂宽恕的人无疑是在毁掉一座自己必经之桥，因某一天，他也会需要别人的宽恕。

——赫博特

娴熟地掌握交际艺术

多给别人一点超出他们期盼之外的东西，这能为你带来远远超出自己意料的巨大回馈。

——罗伯特·哈弗

缺乏交流或交际不善，是人与人之间产生诸多纠葛的主要原因之一。要想获得成功，良好的交际能力是一个人应该必备的基本素质。如果你能发展自身出色的交际技巧，你就能更加了解自己和理解他人。在通往成功的路上，因为不善交际，人们遇到的最大阻碍往往就是自己。他们应该懂得言语可以成为自己最有力的工具和助手，运用得当会带来幸福和快乐，而稍有差错，也可能会产生南辕北辙的后果，导致无尽的痛苦。

在与人交流的过程中，要尊重他人的个性。不要试图支配他人，或力求操纵谈话，对他人要表示出自己愿意聆听的兴趣。

尽量多说积极乐观的话，这样别人也能从中感到乐观和振奋。对他人多使用溢美之词，慷慨呈上对他人的赏识和钦佩。要平等地与人相处，不卑不亢。

专心聆听他人的说话，听清楚每一句话，不要想当然地发挥，也不要心存偏见。仔细倾听他们讲述自己的麻烦问题以及他们将如何去解决，而不要自以为是急于发表自己的看法，或越俎代庖去分析如果是你，你将如何做。要对别人的遭遇感同身受，满怀同情。尽量能复述对方说过的话以及他们所关注的问题。

试着学会求同存异，找到与他人的共同语言，而不要拘泥执拗于你们的差异。尽可能不要打断别人的发言，要耐心倾听，允许别人陈述自己的想法和观点。

要想给忠实的热心听众一种深刻印象，你必须做到以下几点：要保持安静稳重的形象，不要举止轻浮，左右逢源。学会用眼睛与人交流，眼睛是心灵的窗户，有时透过眼光的交汇，一切尽在不言中。要学会保持静默，懂得"无声胜有声"的奥妙。除了与谈话主题相关的问题，不要随便漫无边际地发问。谈话时身体要与对方保持舒适的距离。

如果你能使他人感觉到在你心目中他们是重要人物，具有举足轻重的影响力，带着这种良好的自我感觉，他们大多会很乐意同你交谈。不要表现得好像你急于从别人身上得到什么好处，恰恰相反，你应该让他们觉得可以从你这里有所收益。

花些心思去了解别人想要什么，然后竭尽全力去帮助他们实现愿望。多鼓励他人谈论自己，这样你就能确切了解他们的需要。把别人的问题当作你自己的问题，如此才能获取他们真心的信任。

交流是一个互动的过程，它不仅需要你对他人敞开心扉，虚

第九章 人际交往的技巧

193

怀若谷，同时还必须能够勇敢面对自己的内心，倾听自己内心的需要。一个聪明的听者首先应该能体会并了解自己内心真实的感受。这样做不仅能够有助于理解别人所说的话，而且能让你茅塞顿开，懂得为什么他们会这么说。

向他人提问能帮助你了解他们的需要。只有知道别人心里真正渴望些什么，你才能驾轻就熟地帮助别人解决难题。

你对他人的提问能使他们感到自己的重要性，因为这表示你正密切关注着他们的处境。同时，你还要认真听取别人的问题，那些问题可能反映出他们内心真切的梦想和恐惧。通过帮助他人实现自己的目标，你就能成为他们生活中重要的人，成为他们真诚的朋友。

在与人的交谈中，对某一话题，如果你没有充分准备好倾听别人对这一问题的反应和意见，那就不要询问相关的内容。对于别人与你分享的信息，你要以感激的心去回应，你所提出的问题也要充分表现出这一点。给别人充足的时间来表达自己的观点。你应该使自己所提的问题简单直接，易于理解和回答。

尽力使他人感觉自己很重要。在谈话中亲切地称呼他们的名字，把他们视作与你平等的个体来对话，细心留意他们的需要和对话题的反应。你不仅要与他们的头脑对话，还要敏感地与他们的心灵交流。在充满压力的紧张环境里，你要主动探寻与人镇定自若冷静沟通的方法。对你的家人、朋友、同事和你遇到的每一个人，你都要尽力去热情鼓励他们，帮助他们获得战胜困难的勇气，协助他们深入分析问题并找到解开难题的钥匙。当他们迷失在困惑中时，你要去引导他们走出迷雾，激发他们内在的潜力，鼓舞他们努力去成为更优秀的人，使他们把自己的能力发挥到极致，甚至更高。毫无保留地教给他们有价值的想法和观念，用你的热情去丰富他们的人生。

在对别人许下承诺之前，预先要认真考虑并明确自己将要承担什么样的责任，要保证每个人的需要都能得到很好地满足，当然也包括你自己的。

当你试图帮助人们纠正他们的错误或是提供建议的时候，你一定要慎之又慎。批评和苛责有时并不能带来富有建设性的改善，反而会导致消极的后果。有时采用这样的方式还会削弱你协调解决问题的能力，因为批评会使被批评者感觉被孤立隔离，很容易被激怒并产生强烈抵抗的情绪，他们会因此拒绝改正。

激励人们努力去修正日后的行为，保证类似的错误不再发生，这是帮助他们从过错中吸取经验的最好方法。当你帮助人们懂得"犯错是学习的最好机会"这个道理，他们很可能就会心悦诚服地接受你的指正，并给予主动积极的配合和支持。

最好只去纠正那些与你关系密切的人的错误，比如你的家人、朋友或同事。当你试图纠正他们的时候，也要尽量设身处地地把他们的个性和感受纳入你考虑的范围，对症下药采取适当的方式，这样才能达到目的。一定要就事论事，不要将问题扩大，或论及他们人格本身。

你要纠正别人的错误，一定要等到只有当自己心情舒畅愉快，没有忙于任何其他事情的时候才能进行。一次只能纠正一个错误。要允许别人用足够的时间来解释自己的理由。最后不要忘记对他们本人加以赞扬和肯定，这样才能鼓励起他们改进的决心。

与人交流时，要表现得轻松自若，从容不迫。要自然流露出

第九章 人际交往的技巧

你的快乐。尽量听他人多说，以轻微的点头来表示懂得或同意对方的说法。

许多人都有交流障碍，他们不善于表达自己，将与人谈话视为一件可怕的事。还有一些人不习惯某些社交场合，身处其中常常感到不自在。但是，生活在这个地球上，必须学会与他人交流，这样才能更好地相互合作，建立和谐的生活环境。善于与人交流的人往往能发展出更成功的事业和人际关系，这是他们通过与人交流得到的甜蜜回报。

每日箴言

善良是它本身的驱动力，多多行善，我们就能变得善良仁慈。

——艾瑞克·胡弗

在这个世界中，是"给予"而不是"索取"使我们变得富有和充实。

——亨利·皮切尔

真诚地帮助别人同时也是对自己的帮助，助人者助己，这是人生最美丽的补偿之一。

——拉尔无·爱默生

每个人都能成为赢家

把别人看作朋友是获得朋友的唯一途径。

——拉尔夫·爱默生

人们总是费尽心思试图打败他人，无论在商场上或是个人生活中，这种事情在人际关系中屡见不鲜、时常发生。这样的人总是算计着如何通过陷害别人来为自己捞取好处。

一些电视节目习惯于将商人丑化成不诚实、邪恶、没有心肺肝、自私自利的奸诈小人，似乎是无商不奸。其实，与个人的人际交往一样，要想在商业交际中赢得成功，绝对不能一心只想着最大限度地攫取好处而不给予丝毫的付出。如果在商业活动中，你按照那种自私的原则与生意伙伴交往，那你与他们再合作的机会就微乎其微，几乎不再可能了。

我们不必非要打败他人才能成为赢家。胜过他人并不能使你赢得成功。只有思想才能造就真正的胜利者，而不是任何外部的竞争。那些固执地认定必须靠打败他人才能成功的人实际上是把自己的成功同他人系于一线，使他人与自己的成功休戚相关，他人反倒因此成为决定他是否成功的关键。这样的人本质上已经不是自己的主人。

要摈弃那种在竞争中以赢家或输家来对自己或他人进行归类的观念，这种想法是毫无必要、意义浅薄的。只要你勇于尝试，坚持自己的理想，你就永远都是胜利者。失败和挫折只是暂时的，它能使你积累大量的宝贵经验，为将来做好充分的准备。

你要学会享受与他人每一次的接触，乐在其中，而不是一门

第九章 人际交往的技巧

心思只想着要去赢他们，要始终怀持宁静祥和的心，善待自己与他人。与他人合作能使你赢得自信和尊严，并最终使你能以更高的水准完成任务。

如果你能从自己的失败经历中吸取教训，体会良多，那么你就依然是一个真正的胜利者。你要心志诚恳地将精力用来增进你的才能，而不是斤斤计较利益得失。你有能力去选择思考什么、感受什么。你控制决定着自己的态度。所以，只要你坚信自己是胜利者，那么你就是胜利者。努力工作，朝着更高的目标奋斗，与自我竞争赛跑，不要为了成功就卑鄙无情、不择手段地从他人的身上碾过去。

一个真正的胜利者决不会因为挫折而愤怒、恐惧、沮丧泄气或懊悔内疚。全身心投入积极的行动中去，享受行动的快乐，你就会无暇顾及那些消极的感受了。保持独立思考，坚信自己。怀着感恩的心看待生命，在苦难的逆境中学会成长。

在人生的每个领域你都可以成为胜出他人的赢家：你的业余爱好、工作、人际关系以及其他的一切方面。你还能超越自己已经获得的成就，发展至更高的境界，成为真正的胜利者。

每日箴言

除非我们慷慨地付出自己的一部分，接受他人并从心理上帮助他们，否则我们缺失人生最本质的精华。

——哈洛德·泰勒

第十章

一生富足的法则

从极端的物欲中解脱出来

拥有最廉价快乐的人就是世界上最富有的人。

——亨利·梭罗

对财产的占有是人们用以确立身份，获得社会地位的方式之一。一种物质至上的文明会强调一些明确的指标来达到确立身份地位的目标。例如，在发达国家，人们往往以房子、车子或股票持有数来衡量和评价自己的价值。他们将时间耗费在对这些东西的追求和维护上，孜孜不倦。

以这些东西来定义和评价一个人的价值，这个方法的"优点"很明显。一个拥有豪宅的人轻而易举就能被大众认出，每个人很容易就会知道他手中掌握着权力，是个重要的大人物。然而这种价值观的弊端在于，人们越是通过财产来衡量自己，他们也会越依赖于物质占有，成为财产的傀儡。

社会上不计其数的人们将物质占有看得太重。他们只通过金钱来衡量自我价值。在这个国度里，我们拥有难以计数的巨大物质财富以及发达便利的物质生活。然而幸福和快乐反倒像消逝了一般，越来越难寻获。

幸福与人的社会经济地位之间的确存在着轻微的相关联系，但比你所想象的联系要少得多。幸福来自人的内心，而不是外在的财产和物质占有。

我们正变得愈加物质化，却越来越不信任我们的人类同伴，更遑论与他人精诚合作。我们更多的是从物质成就中寻求满足感，而不再凝神倾听自己内心的声音，对情感上的饥渴和需要置若罔闻。真爱、同情心以及和谐的状态不是产生于物质的财富，而是来自内在的精神和灵魂。

一些人终日劳碌，耗尽自己的全部精力，只为了聚敛更多的财产。其实，你大可不必像这样去生活，你应该将自己从物质财富的奴役和压榨下解放出来。你当然可以继续买漂亮的衣服、昂贵的轿车或宽敞的豪宅，但是要尽力避免把自己全部的时间和精力都耗费其中。你只需要把财产看作额外的快乐源泉。一定要尽力摈除这样的想法：我需要金钱才能快乐和幸福，只有金钱才能使我的人生充实。

你越少为物质财富所困扰迷惑，你就越开心幸福。如果你拥有坚定的人生目标并热情地服务他人，你就能拥有你想要的一切，在你需要它们的时候。

如果你用物质占有来决定你的身份和特性，那么当你的财物被毁坏或损失时，你就很可能会感到愤怒、空虚、心痛和挫败感。但是相反，如果你仅仅把物质财富当作供你娱乐的东西，那么在你失去它们时，你就不会为此痛苦伤心。

人们不仅会因为物质至上的观念而依赖财产和金钱，同时他们也会因此依赖他人。只有关怀和尊重他人能使人际关系健康坚固，而强烈地依赖他人却会导致不健康的关系。当你失去你所倚赖的人，你会因此遭受巨大的痛苦。因为你让别人对你的幸福和快乐承担沉重的责任，所以那样的关系是不健康的，也是十分危险的。

允许别人拥有自己的生活，而不是负担你的人生。如果他们不想选择你所期盼的方式去生活，你也必须接受现实，忍痛割舍一段关系。爱是绝对的，不需要条件去限制约束。真正的爱是不

附带任何条件、超越一切个人私欲去爱一个人。

当你真的爱着别人时，你会将自己从占有的欲望中解脱出来，而没有必要再想着去控制对方。努力发展与他人的健康关系，不要强制胁迫他们。

每日箴言

金钱是件好东西，痛快地花钱购物固然也是一件乐事，然而更令人愉快的是你能时常反躬自省，确定自己仍未丧失那些用金钱也买不到的东西。

——乔治·罗瑞姆

只有靠算计你的邻居才能致富的陈腐观念必须被人们所唾弃。人生的繁荣腾达是对全世界富足的有益补充和贡献，就好比有人在原先只有一棵树的地方种上了两棵树。那种龌龊的想依靠牺牲他人来成全自己的寄生虫思想，在那些有真正信仰的头脑中是没有容身之处的。"我的利益就是你的利益，你的成功即我的成功"，这一信条应该成为我们追求所有财富的基本原则。

——安妮·弥尔兹

开创你富足的人生

人生得意，不可须臾尽欢。

——佚名

只有你自己才能开创人生的繁荣，而不是靠任何外部的力量。要你努力，你所有渴求和向往的梦想以及人生的繁荣都能得以实现。如果现在你还未曾体会和享受过任何的人生繁荣，那就立即出发去找寻。

我过去的大多数时间是在困顿和忧愁中度过的。那时我始终认为只有幸运儿的人生才能开出绚烂的似锦繁花，像那些出生于富贵之家的人，或是拥有特殊天赋的人。后来我开始运用自己的智慧努力去实现我的愿望。然后我高兴地发现原来我也能够拥有我想要的东西。从那至今，我已经通过自己的努力实现了无数的梦想，同时还不遗余力地把我的方法教给更多的人。

繁荣的人生不仅意味着得到一切你想要的，更重要的是得到你最缺的。实现人生繁荣的目的在于得到你所需要的东西在你最需要它们的时候，而不单单只是一个累积金钱和财产的游戏。

你要坚信自己有能力实现人生的繁荣。释放自己内心强大的无穷力量，对自己的智慧充满信心。如果你继续固守旧有的思维方式，墨守成规不思进取，那么你永远也无法改变使你失望透顶的糟糕现状。

社会中不可胜数的人们为了财富和物质占有不知疲倦地奋斗着，熙熙攘攘的人群皆为一个"利"字，他们以为这样就能得到幸福和快乐。他们渴望一辆昂贵的汽车，一幢豪华的别墅，当然还想要更多的钱。但是一旦这些愿望都得以实现，他们却仍然不会满足，继续贪婪地追逐下一个目标。他们对物质的追逐永远也不会停止，到死方休。

你应该从对物质占有的迷恋中挣脱出来，实现真正的人生繁荣。没有物质财富的束缚，你就是一个完整的人。无论你是否拥有物质财富，你都有权利选择幸福并实现人生的繁荣。

只有当坚信自己应该得到幸福、自己的人生一定能过得繁荣

璀璨的时候，你才能真正实现它们。你和其他任何人一样重要。你必须由衷地相信你是最特别的，你值得拥有自己生命中将要发生的幸福、成功等一切灿烂美好的事情。

繁荣成功的人生另一个不可或缺的组成部分就是要懂得给予他人。仅仅自私专注于自己能够得到些什么并不能为你带来真正的成功。

把注意力放在你追求目标、完成任务的过程上，而不要仅仅偏执于最终的结果。幸福存在于你体验人生之旅的过程中，而不在于最终的物质收获。

在头脑中用想象为自己描绘勾勒出繁荣人生的蓝图，这也有助于使你更好地实现愿望。每一天都在你的脑海中重现一次，蓝图就会越来越清晰明确，而最终一切都将自然而然地得以实现。如此，你就不会被急切的占有欲所纠缠困扰，而能通过正当的途径得到那些你真正需要的东西。实现人生的繁荣是由你体验生活的方式所决定的，而不在于你拥有些什么。

摒除那些妨碍你实现人生繁荣的思想。人生的繁荣和成功，其程度和范围都是不可限量的。把你的注意力集中在目前你所拥有的东西上，而不要缅怀那些失去或缺少的东西。你并没有失去什么，你想要的一切就围绕在你的身边，你仅仅需要意识到这一点并诚心地接受它。

努力把你的心态从惧怕贫穷转变成接受人生的繁荣和改变。专心致志地多思考你希望得到什么，你就能最大限度地实现愿望。

不要害怕你所渴望的东西会被别人抢先得到，而你将因此一无所获。这世界能源源不断地为你提供你所需要的一切，永不枯竭。

你已经具备了获得幸福快乐、繁荣人生以及成功所需要的一切要素。只要坚信这一点，你就一定能实现所有的梦想。

不要以损害他人的利益为代价换取自己的成功。别人同样拥有追求并获得成功的权利。所以，要学会尽心尽力地帮助别人，就像帮助你自己一样。

要坚定不移地掌控自己的命运，你应该得到最好的东西，你也一定能够得到。通过认真思考，仔细确定什么是你想要得到的，而幸福、认生的繁荣腾达和成功对你又意味着什么。理清想法以后就朝着目标不懈努力，不要再退而求其次去追求更低层次的琐碎目标。

从自己的实际出发，做那些能使你乐在其中、身心愉悦的事情。对自己所做的每一个决定都要勇于承担全部的责任。

如果你放弃对金钱盲目的追求，专注全力去做你真正感兴趣的事，你就能因此赚更多的钱、过得更快乐，而不会被扰乱心智的贪欲所控制和操纵。

对于你强烈渴望得到的东西，如果它对你的人生目标是一种妨碍和干扰，那么获得它就有可能会摧毁你，导致你功亏一篑。不要为一个小小的物质目标劳心费神，耗尽心力，那只会妨碍和阻止你实现更高远的人生目标。

每日箴言

看十个人如何花钱，就能知道他的心放在何处。

——埃德文·凯格温

我们永远不要允许那些我们无法得到、尚未拥有或不应该占

第十章　一生富足的法则

有的东西来扰乱破坏我们已经拥有以及能够获得的东西带来的欢乐和享受。在衡量幸福的价值时，请不要忘记这一点：人生最重大的课题在于，即使缺乏那些我们没有能力拥有或不应该拥有的东西，自己该如何去学会保持快乐？

——理察德·埃文思

发展美满的感情关系

缺乏爱情滋润的人生不能算是真正的人生。

——莫里哀

一生中体验拥有过真爱的人们，他们绝大多数都生活得愉悦快乐、身心舒畅。一种积极乐观、甜蜜美满的感情关系往往能给人带来充分的自信、安全感和成就感。

在一段感情行将终结破裂的时候，人们常常感受到背叛、沮丧的挫败感以及难以忍受的痛苦，他们会觉得处于崩溃和毁灭的边缘。关系破裂的原因之一在于人们没有付出足够的努力去维系与对方的感情，使关系更加亲密和富有生命力。他们以为感情关系一旦建立就可以一劳永逸、高枕无忧，往往不再多花心思去浇灌经营。

当然不可否认，某些感情关系从一开始就注定是会失败的，没有丝毫改变的余地和可能性。但在大多数感情关系中，双方对彼此关系的重视和努力通常能创造一种充满关爱、经得起时间考验的长期结盟。每一天都付出心力去增强巩固一段感情的方方面面，悉心培育，这段关系就一定能健康持久地发展下去。

然而不幸的是，能够牵手一生、终生不渝的美满婚姻的概率却越来越少。美国有远超过半数的婚姻最终是以离婚告终的，而在仍然维系着的婚姻中，双方都认为自己的婚姻不理想、质量不高以及对婚姻不满意的夫妻在调查中占很高的百分比。

其实人们不是没有能力去维护长期的爱的关系，而是他们通常都太快的轻言放弃。人们都应该为人生中自己重视并珍爱的东西全力以赴、奋力拼搏。这同样可以适用于经营人际间的感情关系。

大多数时候，当你刚刚开始一段感情时，你会觉得被幸福包围，宛如沉浸在天堂一般。对方使你的生活变得更加令你激动兴奋，连一些旁枝末节的小事似乎也变得充满吸引力，你从未发现生活原来可以如此地充满魅力。你会感觉自己浑身上下充满了生命的活力和热情。

但随着时间的推移，许多你在开始时所感受到的那种强烈火热的激情都会趋于平淡，渐渐消失无踪。你也许仍然在内心怀有对伴侣真挚的爱，然而可能却不如以前那么强烈了。你可能也不会像从前一样，信誓旦旦地愿为他或她奉献或作出牺牲了。

你不需要为难自己去满足于有缺憾的感情关系，勉强得过且过。你应该将余下的人生岁月在充满激情的关系中度过。但是，你必须为此目标付出努力，因为成功的感情关系不是自然而然就会发生的。如果真是这样，那美国就不该有如此高的感情失败破裂的比率了。

不要让你们的感情关系变得乏味无趣，不要给愤怒和怨恨任何机会在你们的感情中生根发芽，苗壮成长。从现在起就立即着

手去做一些能改善你们之间感情关系的事情。要想拥有能够不断成长发展的健康关系，你必须付出精力和时间去呵护灌溉。你要以一种适当的方式去善待你的伴侣，通过这种方式，你对他或她的爱就能持续不断地增长。

只要你心怀一种对充满激情、令人兴奋同时又能长长久久的感情关系的真诚渴望，你就一定能拥有。你的人生观也是能帮助你维系感情关系的决定性因素。如果你满脑子都是消极的思想，没有丝毫的自尊和自信心，生活中没有梦想或目标，那么你的感情之路肯定会充满荆棘，困难重重，而你将举步维艰。

要有胸怀乐观的心态。运用你的智慧去实现自己梦寐以求的愿望和梦想。做一个懂得给予的人。你给予得越多，你所得到的回馈就会越大。自私自利最终只会使你一无所获，懊悔兴叹。

你的成功是由你自己决定的。你可以选择是否要与人建立人际关系，或建立什么样的关系。这些关系是成功发展，还是以失败告终，这一切也是由你自己所决定的。

当一段感情关系出现问题的时候，你是能够感觉得到的。你会对因此产生的压力感到紧张难安、心烦意乱。在这种时候，你可能会移情别恋，转而被其他的异性所吸引。你会寻找机会尽可能少地同你的伴侣相处，甚至会为能远离他或她而感到轻松自在。你可能还会在心里将你的爱人同其他人相比较，觉得对方处处都不如别人。你与爱人的交谈会变得越来越少。你开始尽可能选择那些你的爱人不感兴趣的活动或娱乐，这样你就能无拘无束地独处。

使关系健康发展的唯一秘诀是每一天都花些心思来培育它。每一天你都应该同你的伴侣相互沟通，真诚地表达你对他或她的爱。

　　每个人都有能力去营造完美的爱的关系。但是一些人却不知道如何好好把握自己的思想和情感，因而当真爱来临的时候往往不懂如何去接受。他们常常说自己爱着某人，然而却羞于向对方表达。他们不与人分享自己的情感。对于那些对他们主动示爱的人，他们往往会心存怀疑，小心戒备。

　　这样的人永远也不可能品尝到真爱的甘美和迷人魔力，除非他们能学会表达自己的情感。他们必须学会忠于自己内心的真实感受，并将那些感受毫无保留地向自己所爱的人表达。

　　我们通常不愿勇敢表白自己的情感，其主要原因是害怕拒绝或失败。我们会因为自己的感情没有得到回应而觉得受到伤害，并因此变得脆弱怯懦。

　　人们不会惧怕真爱，却会恐惧失去真爱。令他们感到恐惧的其实是受到伤害和羞辱的感觉。

　　你完全能决定和掌控你能付出多少爱，又能收获多少爱。你一定要忠实地去体会自己对他人真实的感受，并向他们表达自己的情感。告诉你的爱人你的感受和想法。不要将自己的情感当作秘密深藏心底。坦诚地展示出你的爱，并予以充分的关注和重视。

　　给予某人你对他或她真诚的关爱，即使没有得到回应，其实也是一件非常美好的事，你同样能因此体会到一种妙不可言的神奇快乐的感受。主动付出你的爱，不要胆怯害怕。你付出的真爱越多，你就能变得越快乐。

　　一旦你爱的感受终结消退，你的快乐也会随之消逝。此时，无论你的伴侣做什么，说什么，你也许都会感到难以忍受的伤害和孤独。如果你的爱人对你的爱以一种你不喜欢的方式来回应，或是做了什么与你的步调不相一致的事情，你仍然应该无条件地付出你的爱和关心。这才是真正的爱。

你应该允许你所爱的人有不同的选择，对他们的决定和选择要给予全力真诚的支持。你不要总是期待他们来取悦你，逗你开心。

创造和呵护一段感情，你责无旁贷，肩负着不容推卸的责任。你也应该对自己的幸福和快乐负责。

如果你将自己的幸福建立在某人的身上，那么一旦此人离开你，你就会痛苦伤心，当然再无任何幸福可言。如果你依靠自我的力量去寻求幸福和快乐，你就总是能够找到的。

每日箴言

仇恨使生命瘫痪，只有爱能治愈；仇恨使生命混乱激荡，只有爱能再次奏出和谐的生命乐章；仇恨使生命陷入无尽的黑暗，只有爱能重新点亮生命之光。

——马丁·路德·金

只有虔诚敲门的人，才能看见大门开启。

——泰戈尔

让你的亲密关系不断焕发出新的活力

真正的爱情不仅仅是脉脉含情地注视对方，还应该注视两人共同的方向。

——安东尼·易休裴

当你与爱人的关系变得沉闷乏味或是如同例行公事般地缺乏激情，而对于彼此的共同活动你似乎也是意兴阑珊，草草应付的时候，这种局面很可能是因为你没有努力去经营改善与对方的感情而造成的。你从前的激情和那种难以按捺的兴奋感受都不复存在，不是因为它们真的完全消失得无影无踪，而是你没有付出努力把它们从内心中发掘出来。感情关系应该是人生中首要的力量源泉，一旦它出现危机和无穷无尽的问题，就表示你已经将它摆在了次要的位置上，没有给予足够的重视。你要重新来关注它，将重心重新转移其上，把从前的激情找回来。

对于持续时间越长的感情关系，有些人往往越懒于付出努力去改进，这是错误的观念。事实恰恰相反，江山易得不易守，感情关系也是如此，往往容易建立但却需要人们付出更多的努力来呵护和发展它。

一段情感关系实质是一种同伴关系，它需要发生关系的双方都付出真爱，相互扶携，相互支持。你应该尽力使同伴的生活更美好，给对方鼓励和支持，多给对方真诚的建议而不是一味指责批评。无论在人生风光明媚的顺境或是痛苦黑暗的逆境里，你都要与对方相知相守，始终陪伴在他或她的身边。就像你与爱人分享所有的欢笑和眼泪一样，你也要同他或她一起去感怀和礼赞生

第十章　一生富足的法则

命的奇妙。

你的爱人不是为了伺奉和服务于你而存在的，而是应该被你关爱和尊重的。你们是一个团队，双方都担负着把对方的人生变得更美好的使命。

你与爱人应该花尽可能多的时间与对方共度，以此来加强呵护你们的关系。两人在一起的时光应该是充满神奇魔力的，你要全心全意地对待，尽可能排除那些会使你分心的事，不要匆忙应付。多花些心思去了解你的爱人。探索如何才能使爱人的人生过得更美好，然后全力以赴地去完成。通过向对方坦诚表白自己的爱来营造两人之间浪漫的爱的氛围。

多花时间与你的爱人交谈，谈话的涉猎面要宽广，才能多方面地了解爱人，并从对方身上学习新的东西。

当相爱的双方具有共同点时，这种感情关系就是最成功和谐的。也许迥然相异的两个人彼此间会产生充满新鲜感的吸引力。然而就我个人的经验来看，双方共同点越多，越容易造就成功的关系，感情越稳固。不论你现在是否已经拥有亲密关系，或者还在寻寻觅觅，你都应该仔细慎重地考察与对象之间的彼此相容性。

许多人在寻求伴侣的时候，都把对方受教育的程度列在条件单上非常显著的位置。殊不知，学历并不是保证成功的亲密关系的要素，也不是衡量双方相容性的重要指标。学历不是评估一个人智慧的唯一标准。事实上，不计其数拥有高学历的人，除了自己的专业，对于生活各方面的技巧可谓一窍不通。

与之形成鲜明对比的是，许多没有念完大学甚至高中的人却异常聪明，并往往能获得巨大的成功。更而甚之，大量靠自学获得知识的人最终被证明比那些拥有学历、受过正规学校教育的人更富有才智，也更成功。

那些希望未来的伴侣拥有高学历的人，实际上是将受教育程度当作社会地位的象征。智力水平上的彼此相近，这一点在亲密关系中的确很重要，但不能僵化地把智力水平等同于学历，两者是风马牛不相及的。

年龄相仿也不是保证夫妻双方婚姻幸福的关键。许多年龄相差数十岁的夫妇之间同样能彼此建立和谐成功的亲密关系。

拥有相同的宗教信仰在某些亲密关系中占据着异乎寻常的重要地位，而对于另一些人来说，却无关紧要，甚至根本没有加以考虑的必要。宗教信仰完全应该属于夫妻各自非常隐私性的个人选择。

情感的相容性在关系中同样重要。如果你不懂如何去分享伴侣的情感，甚至不理解对方的感受，你们的关系将很容易出现危机，并且会相处得很艰难。

此外，一个人的道德标准、价值观以及人生哲学都会对人们的行为方式产生深刻的影响和作用。如果你与伴侣在这些方面不能达成共识，那么你们将很难与对方建立积极和谐的长期亲密关系，就算你们拥有其他的共同点也无济于事。

多花些心思去探究在亲密关系中，哪些东西对你而言很重要。在哪些具备你所看重的品质的人中间专心致志地找寻你的未来伴侣。你当然无法找到完全符合自己要求的十全十美的人。如果你能与某个人具有大多数相同的兴趣爱好和价值标准，那这个人很可能就是你正在寻觅的未来伴侣。

虽然有成千上万的快乐夫妇，他们的兴趣爱好和需求都大异

其趣。但是总体而言，如果夫妻双方在许多方面都拥有共同点，那么保持更和谐的长期亲密关系的可能性要大得多。

不要为了取悦爱人而改变自己，也不要期望对方为你而改变。例如，如果你未来的伴侣是一个不解风情也不浪漫的人，他或她并不渴望对亲密关系承担长期的承诺和义务，对保持身材健美兴趣寡淡，或者也不喜欢交际，与他人的关系淡漠，那么你是不太可能改变对方这一切的。因此，如果你发现与对方真的很难相容共处，那么你就应该轻松地放弃对方，继续寻找其他合适的对象。

要找到一个与自己有相同兴趣和价值观的伴侣可能的确是一件困难的事情，但是，你可以很容易地找到一个各方面能与你相容妥协，并且具有潜力能成为你理想伴侣的人。

每日箴言

生命中最快乐幸福的事莫过于确信我们被爱着，因为那个"自己"而被爱着，或者更准确地说，不论是什么样的"自己"，我们仍然被爱着。

——维克多·雨果

假如我想当一个流浪者，我会从最成功的流浪者那里寻求信息和建议；假如我想成为一个失败者，我会向从未成功过的人咨询建议；假如我想做的事都获得成功，那么我会在身边找寻最成功的人士，照他们曾经用过的方法去行事。

——约瑟夫·韦德

友好地结束一段感情

世界上没有什么比亲切温和更具力量。

——韩素音

对于一段亲密关系，如果你自认为已经想尽一切办法来挽回却仍然不见任何起色，那么就应该当机立断地结束它。这个决定对关系双方而言，可能都是痛苦而残酷的。然而长痛不如短痛，你不能为一段已经死亡的感情耗费人生余下的美好时光。

如果你与伴侣不能沿着同一条道路共同前行，那么就彼此道别分离，各自去寻找属于自己的天空和人生。

难以胜数的感情关系最终都会以双方的分离而告结。这是因为彼此的需求发生了变化，难以再和谐相容。如果你已经尽了全力去呵护培育一段感情，就不必在它结束的时候失望难过。如果你仍然向往一种美满的亲密关系，那就去寻找一个甘愿陪你朝着同样人生方向前行的人。

当一段感情明显发展到需要彻底结束才能解决问题的地步，那么就毫不迟疑地结束它。不要千方百计找尽一切借口勉强自己留下来继续这段关系。如果在一段感情关系中，你所珍视的东西都已消失殆尽，最好的方法就是结束它。不要因为害怕伤害对方的感情而勉强坚持，牺牲自己人生余下的美好岁月。

分手的确会令人痛苦，但相比之下，毫无幸福快乐可言的无奈生活对人更是一种难以忍受的折磨。分手以后，你可能会感到孤独、失落和悲伤，每天都在痛苦中挣扎度日。

但是，你应该放眼远眺那灿烂美好、充满希望的未来。不要压抑自己，想哭就哭出来，这样才能疏解你的悲伤情绪。哭过之后就要开始整装待发去找寻新的幸福。你能从悲伤的经历中学会成长。

与要好的朋友共度时光，同时要以开放的态度去结识新朋友。如果有可能，还可以开始一段合你心意的新恋情。要注意保持健康的心态。有时间多去探望自己的亲人。准备好开始新的经历和体验，重新审视你的人生目标和任务。很快分手或离婚将如过眼云烟，变成你遥远尘封的回忆。

人品与感情关系的品质密切相关。如果你为人不诚实、胆怯懦弱或充满敌意，这些品质同样会出现在你的感情生活中。

成功的感情关系需要双方无私地付出和给予。只向对方索取而不回报，这是不应该的。不要试图操控支配对方，而要真心诚意地帮助他或她。

每日箴言

爱是耐心和仁慈，爱不是嫉妒或自负，爱不是傲慢或粗鲁。爱没有固定僵化的方式，爱也不是愤怒或怨恨。爱不会为错误而快乐，但会因为正确的事欢欣愉悦；爱可以承担一切、相信一切、对一切充满希望、忍耐包容一切。爱是永无止境的。预言总会有死去的一天，说话的舌头总会有停止的时候，知识总会过时。这是因为预言和知识都不是完美永恒的。当永恒和完美降临，不完美的东西都会顿时消逝。

——科林斯

真爱人生的完美法则

是为玫瑰花枝上的刺而悲叹抱怨，还是为带刺的枝上盛开的娇艳花朵而欢欣愉悦，一切只在于我们的态度。

——佚名

你的爱不应该只局限于爱你的伴侣、小孩或其他家庭成员。爱是一种生活方式，你应该把自己的爱散播到你停留过的每一个地方，你也会因此得到他人回报给你的爱。

你拥有选择生活方式的力量和权利。那么就请选择真爱人生。

帮助他人打开心灵的桎梏，擦亮眼睛去发现围绕在身边的爱，开启深藏在自己心中的爱。身体力行地向他们展示人类真爱的天性。以感恩的心去赞美生命和爱赐予你的珍贵礼物，把你所感受到的幸福带给身边的每一个人。爱就是毫无条件地付出你自己，不求回报。

当你用爱去对待他人，你就能消除一切冲突，建立和谐融洽的人际关系。你不必总是去取悦他人，你也不需要理解或懂得他们所做的一切，你只需要以包容的心去接纳他们。

爱意味着你能让伴侣自由地做一切决定，宽容地接受你伴侣的一切，不要去评判对方或对伴侣指手画脚。

完美的伴侣是不存在的，所以与伴侣的和谐相处、互相包容就显得十分重要。不要不切实际地奢望找到一个符合你所有要求的伴侣。

你能否拥有爱或被爱的能力，这是由你自己决定的。当你遇

到心仪的人，你却不知如何才能去爱与被爱，那么即使对方优秀到足以成为你的理想伴侣，一切也将成为泡影，空留遗憾。不要太过在意或担心能否与自己钦佩或爱慕的人彼此间建立关系，也不要焦虑这种关系最终将会发展成什么样的结果。你应该将时间和精力用来锻炼发展自己爱的能力。

不要一心一意地专注于你的感情关系将会以什么样的形式进行，也不要计较对方爱你多少，爱你多久。你应该释放身心去尽情体会当下的快乐和圆满。

无所保留地全力去爱他人，并从中体会无尽的乐趣。一个能与你相知相遇的伴侣是上天赐予你的礼物。知足者常乐，不要奢望太多。要记住，没有谁是对方的私有财产，你和你的伴侣都应该对个人的幸福负责，不要把幸福完全寄托在别人身上。

你的伴侣是与你平等的个体，不要以评判者的姿态去分析或指责对方的行为。接受对方真实的自我，无论是与你相契合的方面或是与你迥然相异的方面。

给你所爱的人以自由。如果你能无条件地去爱对方，而不是支配主宰对方，那么你就能使对方享有抉择的自由；相反，你越是竭尽所能地去限制对方的自由，他或她就会越渴望冲破你的压抑去获得自由。

你能从爱的关系中收获无穷无尽的丰硕果实。记住，你控制着自己的思想，思想支配着你的行为，而行为塑造着你的命运。所以，你要为建立与他人之间的亲密关系做好必要而充分的准备。

爱可能是人类体验过的最甜蜜珍贵的感受。真爱包括两个品质：爱的感受和爱的行为。充满爱心地对他人付出关怀是世界上最伟大的善举，这样做能为世界创造最美好的东西。你拥有选择的权利，是满怀爱心地去生活，还是宁愿不快乐地活着？

你可以选择在任何时候向他人给予你的爱。从事一种关爱他人的活动能使你的内心产生温馨满溢的爱的感受。这种感觉是如此美妙，你会因此更加积极地去关爱更多的人，以期再次体味品尝更丰富的爱的感受。循环往复地照此下去，你将在热情的关爱帮助他人中度过富有意义的一生。

在去关爱他人之前，首先你要热爱珍惜自己。你只能够给予你已经拥有的东西，不是吗？只有当你学会了如何去爱自己，你才会懂得如何用同样的方式去爱别人。

每日箴言

家是世界上一处心灵紧紧相拥的地方。它是信心的发源地。在这里，你可以无惧任何嘲笑奚落，让心中蕴藏的温柔和亲切潺潺涌出。

——弗雷德时克·罗伯斯顿

怎样使你的亲密关系更加圆满

人们爱少女是为着她们现时本真的模样，爱少年是为着他们允诺的那个将来的自己。

——佚名

衡量人生成功与否的真正标准是你如何处理与他人的关系。当你对自己的人际关系感到满意时，你就能体验真正由衷的快

乐。从人际关系中获得乐趣的能力就蕴藏在你的内心。

你与形形色色、千差万别的人互相交流：你的爱人、父母、孩子、同事、朋友、与你有生意往来的商人以及其他许许多多的人，数不胜数，不胜枚举。你的幸福和快乐就是由你与所有这些人的互动关系所决定的。

绝大多数的人都需要一种被关怀、被爱、被重视的感觉。同时他们还希望被人尊重。你可以因此掌控全局，你期望受到他人怎样的对待，那么你就给予他们同样的对待。你具备在人生中创造圆满和谐人际关系的能力。你所需要做的一切就是承担起你对待他人的方式的全部责任。

你必须改变你目前的心态和行为。改变他人不是建立圆满人际关系的正确途径。你主宰着你的思想，而你会成为什么样的人又完全由你自己的想法所决定。

你的人际关系像镜子一样反映着你是如何看待他人的。你心中所想的都可能变为现实。举例来说，如果你只把注意力用来关注人们的失败或是他们所缺乏的品质，那么你与他们的关系将会因此变得消极和相互抵触、敌视。

要想与人建立积极和谐的关系，你就必须消除内心对他人的评判。在自己心中设想你希望拥有什么样的人际关系，就如同构想你希望成为哪一种人。

你的人际关系同时还反映着你是如何看待自己的。如果你对自己充满了消极悲观的看法，你就会不知不觉中把这些消极的不良感受传染给与你交往的人。而如果你满怀温暖的同情心并乐观地爱惜自己，那么你就能与他人一起分享这些令人愉悦的感受。

黄金法则："己所不欲，勿施于人"。这是一条在人际关系中应严格遵守的重要原则。敞开你的心扉，你可能不赞成他人的观点也不喜欢他们的言论，无论如何你应该学会耐心地倾听。听完别人的陈述，你再礼貌地表示自己有不同的意见，然后条理清晰地表达自己不同的观点。如果你接受我这条建议，你就能获得更成功的人际关系，并从中体验出更多的乐趣。

总是挖空心思地去挑剔别人，竭尽所能地去证明他人的错误，这些做法都是毫无意义的。不卑不亢地接人待物，保持自己高贵的尊严，同时也要尊重他人，允许别人秉持异见，尽可能地求同存异。

在亲近的人际交往中，不要试图支配控制对方。你没有权利去占有任何人，也没有人会喜欢被控制支配的感受。每个人都是独立的个体，他们都拥有自己独立的想法。

学会真诚地去尊重他人，并努力做得尽善尽美。你不需要随时与别人保持一致，也不必要强迫自己培养与别人相同的兴趣爱好，更不需要违心地听从赞成他人的全部决定。接受他人真实的自我和他们的本来面目。

要善解人意，要尽可能考虑周全他人的需要。不要只是一门心思地专注于你能从别人身上捞取什么好处。你诚心给予得越多，你从他人那里得到的回馈就越丰盛。

不要过于在乎和拘囿于你与某人的关系到底属于什么类型，而应该以一种给予和信任的心态投入参与其中。如果你虚情假意地与人交往，并且你从别人身上索取的东西远远超出你所付出和给予的，那么他人也会以同样的方式回敬你。

要坚信你能创建任何你所希望的人际关系类型。积极乐观地思考，在头脑中想象描绘幸福快乐、圆满和谐的人际关系的蓝图，你就一定能将之实现。

你的人际关系品质的唯一缺陷就是你自身品格的缺陷。如果你发现一段关系很失败，令你心烦，那么就不要再奢谈去发展它。仔细地分析你的感受，如果你自信已经试尽一切可能的方法去维系这段关系却收效甚微，情况仍然无任何起色和转机，那么就应该立即果断坚定地放弃这段关系。

每日箴言

爱直到伤害。真爱总是痛苦和刻骨铭心的，爱因此而真实和纯粹。

——特里萨修女

第十一章

创造人生的事业

独立创业使你早获自由

独立创业者本质上是梦想家和实干者的结合体。他善于天马行空地想象一件事，在想象的同时，他对如何将梦想变为现实也了然于胸。

——罗伯特·史华兹

从前人们工作时所享受的职业安全保障如今早已不复存在。随着公司大规模裁员变得越来越稀松平常，人们已经无法再指望从事长期的职业了，而雇员们也不可能再依靠自己所掌握的过时技艺和大学文凭来保证拥有一份长期稳固的职业了。

生活的消费指数持续攀升，但人们的薪水却始终无法保持相应的增长。一些雇员对自己目前的状况几乎完全感到力不从心，对前途看不到任何希望。在大多数情形下，大学文凭并不意味着持有者具备必需足够的职业技能。

你应该用自己的人生来做喜欢的事，并乐在其中，充分享受自己的所作所为。在我事业的初期，我意识到为别人工作不是我的人生目标。不只是因为我讨厌别人对我发号施令、颐指气使，而且我还认识到为别人工作会限制我的成就。

我认定了掌握自己命运、获得自由的唯一出路只有为自己工作，独立创业。我需要有自己的公司，成功或失败都由自己负责。

现在，我精神饱满地期待每一天将要开始的工作。我在好几处不同的领域都有自己的业务，诸如金融业、出版业和科技业。无论什么样的项目，我都能从中获得无穷的乐趣。

我之所以热爱我所从事的每一项工作，是因为一切都在我的控制掌握之中。我必须依靠我的才能、创造力和职业道德去实现自己的目标。当我犯错误时，我尽力从错误中吸取有益的经验教训；当我成功时，我为自己的成就感到无比的自豪和快乐。

我对许多领域的事物都充满着浓厚的兴趣，最终我选择了从事接触面最广的商业。你也同样能够做到。如果你真心热爱自己从事的工作，并花时间去增强自己的知识储备和必要的技能，成为该领域的优秀专家，那么你就能实现自己的目标。

你可以成为自己的老板，自由安排时间，用这些时间来做你真正热爱的事，你能赚取比以往多数倍的钱。你将从自己所创造的生活方式中享受体会到无尽的乐趣。

在美国，工作模式发生着飞速的变化。独立创业者正快速成倍地增长。自主经营将使你承担更大更多的风险，但同时你也将收获全部的利润和果实。

我自主经营着好几种业务，并同成百上千的企业家合作过。在这些我曾一起合作过的企业家中，没有一个人愿意重新回去为别人工作，连想都未曾想过。

调查显示，有70%的美国人都考虑过创立自己的事业。遗憾的是，最终真正独立创立拥有自己事业的人只占了其中的7%。

每当决定的时刻来临的时候，无数的人都会畏惧胆怯。然而，他们必须将畏惧胆怯转换成积极进取的动力。在任何冒险的开始，畏惧都是很自然，也很正常的心理反应。

关键在于要学会从长远的角度透视畏惧心理。让时间来检验你所恐惧担忧的东西。深入分析每一个风险，无论它是涉及变化或是不会导致任何改变的。从事你所热爱的事情，拥有个人自由

和独立，这才应该是你正确的人生目标。

几乎你所做的每一个决定都包含着某种风险。严格区分当前的风险和意想中将来可能出现的风险。你所预感到的将来可能出现的风险比当前的风险要重要得多。

对我来说，一份为他人工作的朝九晚五的职业是一种冒险。这使我的前途和自由面临着极大的风险。我不想仅仅为了忍受他人的支配控制而活着。

人们对于风险的定义大异其趣。对于某些人而言充满风险的事，另一些人却不以为然。你需要按照自己的心理适应程度来衡量风险的大小。

你在承担一项风险之前，要尽可能周全地考虑冒险成功或失败的概率。仔细分析自己的决定的优势和不足。你的技能和才干、经验和知识，以及对改变的承受力。这一切都影响着你对"风险"的理解和定义。

然而值得一提的是，你对风险的定义极有可能发生富于戏剧性的转变。你完全能够通过获取更多的经验、知识、技能和才干来增强自己的自信心，以此提高自身对风险的免疫能力。

许多人都不愿承担任何风险。他们或是担心自己的损失，或是缺乏坚强的自信，又或是很难接受失败。我希望本书能帮助你去勇敢承担更多的风险。

商业中卓有成效的冒险包括学习成功所必需的知识和技能。准备得越充分，就越容易获得成功，并减少事业中的风险，无论是当下的风险或是潜在的风险。

创业者所必需的另一重要特质是果断和坚定。要坚信正是通过自己的行动你才得以掌控自己的命运。因此，如果不采取有效的行动和努力，你所有的愿望都不过是纸上谈兵、画饼充饥而已，永远也不可能实现。一旦决定，就要努力付诸行动。从每十个失误中吸取有价值的教训。

要放远目光，多从"我如何才能成功"的角度来决定行动的计划，而不是总想着"我可能会失败"。分析你所有可能的选择，反复考虑所有可能出现的后果，量化你预期得到的收益，同时别忘了准备一套备用的补救计划以防万一，也许在关键时刻你会需要它。

每一个冒险都是通向成功的机会。在开始踏上你的独立之旅以前，想清楚自己到底希望得到些什么。只把精力专注于最重要的目标上。

始终保持自己高昂的激情，坚定的忠于自己的目标。你在心中把成功描绘得越清晰，实现的可能性就越大。

坚信自己为实现梦想所付出的每一分努力，耐心地等待你将得到的收获。相信自己以及你的合作者、家人和朋友。

你的每一滴辛勤汗水、每一分辛勤耕耘终会带给你成功。你对生活的所有投资最终会带给你成倍的丰盛收获。

每日箴言

无论谁的人生本质上都是一种冒险的事业。如果一个人筑起太多的屏障去抗拒风险，那他实际上也就是把生命本身拒之于门外。

——肯尼斯·戴维斯

如何面对艰难的挑战，取决于能否富于胆识的力排众议。

——马丁·路德·金

第十一章 创造人生的事业

黄色为什么不勇敢攀上大树的枝头？那丰硕的果实不就挂在上面吗？

——弗兰克·古利

充分利用你的时间

虚度光阴就是浪费生命。

——塞伦

你安排运用自己时间的能力是获得成功必须具备的重要技能之一。如何有效地运用时间，对我来说一直是一项巨大的挑战。我发现自己经常为了满足各种各样的人方方面面的要求而忙得晕头转向，应接不暇。也常常发现自己胡乱忙于一些完全可以避免的杂事。

在大多数人眼中，如何有效地安排运用时间使人生变得更复杂。他们发现自己必须学会安排时间才能获得成功，必须清除抛弃一些琐屑杂事以便为重要事务腾出更多的时间。

如何向他人指派任务曾是我面临的一项最艰巨的挑战。在一生中的大多数时候，我几乎总是事事都想亲历亲为。作为一个完美主义者，我认为只有我自己才能准确无误地完成一项任务。每当我考虑让其他人去为我完成这些事的时候，我就会想："他们一定做不好的，我肯定会重新返工。"于是我会打消假手于人的念头，最终可能还是自己完成了。与他人一起分担责任是件很困难的事。

事后回想，我才发现我的这种想法降低了工作效率和生产力。现在我正在努力改变我的心态。

大多数人都有一种使一切尽在自己掌握之中的心理需要。他们害怕让其他人对事情的结果负责。

我现在已经认识到，虽然你非常有必要了解完成整个任务的每个环节，但是每一环节都亲历亲为却并非明智之举。如今我只负责去做自己最擅长的部分，其余的工作雇别人来完成。我不会去亲自修理自己的车，不会去修理家中的下水管道。

我把这些工作都交给相关领域的专家，让他们去做那些自己最擅长的工作。由此，我不仅消除了那一类麻烦事给我带来的头痛沮丧，还将自己解放出来自由地去做我那些更重要的事，那些我精通擅长的事，那些人们支付酬劳让我去做的事，那些我能从中收获无限乐趣的事。

只需要把时间用来做你最擅长、最能发挥你优秀才能的事情。把其他一些无关紧要的事交给其他人来完成。

把你的时间安排来做那些能产生最大效益的事情。专心致志地去完成正确的任务，远比仅仅正确地完成任务重要百倍。

寸金寸光阴，你的时间是珍贵无价的，你所虚度的每一分钟将消逝无踪，永不再来。

学会取舍和放弃一些细枝末节，不要为了千方百计想节省几美元而不惜耗费大量宝贵的时间。在决定着手实施一项工程之前，先详细地做一个成本估算。问问自己这项工程将占用自己多少时间，而完成它是否将为你带来相应合算的回报和效益。通过这样的估算，你时常会发现有些事情对你没有太大的益处，放弃反而更好一些。

規划一生

　　不要为了自己所受到的一些无关紧要的不公正对待和委屈而浪费时间来据理力争。忘掉那些令人不愉快的琐屑小事，集中精力去完成下一个任务。

　　有些人说话喜欢长篇大论，滔滔不绝，要他们精简谈话简直是不可能的事。他们常常乐此不疲、口若悬河地谈论一些絮絮叨叨的琐屑话题，而不是爽快利落地陈述完自己的观点就结束谈话。

　　商业成功的关键在于你是否具备专心致志处理手中重要事务并能持之以恒地去完成下一个任务的能力。要彬彬有礼地与人交谈，使自己的谈吐简洁有力，富有成效。这无论对你或他人而言都是有益的。

　　有效安排时间的另一个难题是如何拒绝他人，学会对他人说"不"。如果有人邀请你去做什么事，但你实在抽不出空余时间去完成，那么你就将自己的实际情况向对方据实以告，坦诚谢绝对方的邀请。你的时间是宝贵有限的，而事情是永远做不完的。不要对自己过于严苛，过量耗损自己的精力。

　　学会合理高效地运用自己的时间能助你获得成功。每天花一点时间来分析自己的日常活动，由此明确自己是如何运用时间的，对一切情势了然于胸。仔细评估每一项活动的价值和重要性，放弃排除那些效益最少的事务。

　　将自己每一天、每一周以及每一个月必须完成的任务按照重要性的大小等级列成一个详尽清晰的表单。然后，着手去完成其中最重要的任务，将这种办事方式变成自己的习惯，坚持不懈地做下去，你就会获得成功。

时间一去便永不再来，失去一个朋友还可能再找回来；失去金钱可以再赚回来；错过的良机也可能会再来。然而被懒散所耗费的时光永远不可能回来。晚餐后闲适的时光，有人将之利用，最终获得事业的成功；也有人贪享受，致使事业毁于一旦。

——劳顿

善于安排时间是清醒有条理的头脑最显著的标志。

——艾萨克·皮特曼爵士

打开成功与幸福大门的钥匙

缺乏热情永远也不可能实现任何伟大的目标，历史从来如此。

——拉尔夫·爱默生

要让自己的未来欣欣向荣，我们不仅需要运用逻辑推理，还必须用直觉来预测即将到来的变化。我们必须发展自身的领悟力，以理解那些不能用语言明确表示出的事物。我们必须睿智地洞察出两个看似完全不相干的事物之间的联系。当新的规则使一切不再适应突如其来的变化时，我们必须创造性地发现解决问题的新方法。

令我常常感到惊讶的是，有那么多的人并没有真正地活着，他们仅仅是存在着，每一天他们都存在着，但却称不上真实地活着。

第十一章 创造人生的事业

许多年前，我在威尼·戴尔先生的著作《你的错误地带》中读到一个很有趣的问题："你打算死多久？"虽然我以前从没考虑过这个问题，但它很快进入了我的潜意识。

我认真地思考戴尔先生的问题。我意识到我已经死去很长一段时间，因为不开心的每一天对我来说都是毫无意义的蹉跎岁月。

有些人在忧虑、烦恼和倦怠中度过每分每秒。每个人都只有一次生命，所以你有必要发挥你的潜力。

你有能力来实现成功和快乐。消除那些可能阻碍你发展的对失败抱有的担忧心情。

你能够去选择你想做的一切。我希望能帮助你再一次感受到自己生命的跃动。我想帮助你消除心中的不安全感。我相信你能够像那些已经真正活着的人一样伟大。现在，你也应该相信这一点。

每日箴言

蜗牛能爬上参天大树的顶端是凭着坚韧不拔的毅力。

——查尔斯·思伯吉恩

成功的要素不是显赫的家世或天赋，一个人所需要的仅仅是充沛的活力和不屈的精神。

——阿尔伯特·格林菲尔德

时间是我们的财富，它既是最珍贵的无价之宝，也是最容易消散流逝的。

——约翰·鲁道夫

个人的成功与专业上的成功一样重要。通过正常的教育，获得一定的文凭也许便能达到专业上的成功。但是，文凭并不能保证专业的成功。而且，没有文凭的人也能取得专业的成功。个人的成功通常意味着拥有健康的体魄，良好的人际关系。在与家庭、朋友和社会的交往中，你可以从中增长不少学问，通过这些非正式的学习，你便可以获得个人的成功。只有专业的成功，而没有个人的成功，这是毫无价值可言的。

——佚名

不要依赖别人

宁愿因为过于焦虑的忧惧而被蔑视嘲笑，也不要在固若金汤的安全保障中沉迷堕落。

——埃德蒙·伯克

你能够通过自己的力量获得快乐和幸福吗？或者你必须靠依赖某人或某物才能获得快乐？你对伴侣、父母或职业有依赖性吗？

弃绝对他人的情感依赖，因为那是不健康的，你才能独立自主地思考和做决定。你可以有很多的朋友，但是不要被他们所支配。

在充满依赖性的关系中，人们通常会觉得负有不可推卸的责任和义务去做那些他们并不情愿去做的事。这种情况无论在未婚情侣或已婚夫妻的关系中都很常见。然而，每个人都应该无条件地给爱人以自由，不要用自己的期盼或要求来使对方感到压力。

第十一章 创造人生的事业

在大量的亲密关系中，一方支配控制另一方的情况随处可见。占支配地位的人通常拥有更高的收入，他们以此将低收入的一方置于屈降服从的被支配地位。

个性也是造成依赖性关系的一个重要因素。个性外向的人通常支配着个性内敛的一方。通常是由占优势地位的支配方做一切决定，事无巨细。

随着时间的推移，在关系中处于劣势的被支配方会变得更加依赖对方。由于他们没有机会共同参与对事情的决定，他们的自信心会日益萎缩恶化。逐渐地，他们会相信自己真的是不具备为自己的事情做决定的能力，因此如果不与伴侣生活在一起，自己是永远不可能获得丝毫成功的。

被支配者的生活往往以另一方为中心展开，他们以对方的喜怒哀乐、情绪变化为生活的依归，忽略了自己真实的感受。当自己实际上很悲伤的时候，他们却会以为自己很快乐。他们会因此渐渐失去自己独立的人格。

依赖性的亲密关系最终会发展成两种结果：一是被支配者决定放弃自己的独立人格，从此他们完全为另一方而活着；二是被支配者也可能会开始感觉到被这种关系所束缚限制，而决定进行一些改变。但是支配方却不希望给他们自由和独立，因此将导致双方可怕激烈的冲突。结局常常是以双方的分手而告终。

除了以上两种常见情况外，还可能发生第三种富有戏剧性的结果。在一些个案中，支配方对伴侣渴望独立的要求表示支持，并且还真诚地帮助他们去实现独立。双方都能从这一过程中学会如何与对方平等相处，他们的关系由此得以健康地发展下去。

你是否发现自己具有以上所提到的被支配者的通常行为呢？

你是否害怕一旦亲密关系结束后，你不敢肯定自己能否很好地独立生活？你打算去什么地方、花多少钱是否都要事先征询伴侣的意见呢？你是否被一份自己不喜欢的工作搞得疲惫不堪，然而却始终没有辞职呢？你对伴侣是否怀有抵触情绪？

你的伴侣对你蛮横无理，你是否只是听之任之，而不予以纠正提示？你的大部分决定是否都是伴侣为你定的？在社交场合，你是否依偎在伴侣身边寸步不离？你是否觉得应该努力取悦他人而不考虑自己的快乐？如果你与伴侣都希望与对方分开一阵，是谁常常能说到做到？

要想获得独立，你必须坚信自己的能力，你不是任何人的奴仆。这是你的人生，你应该按照自己选择的方式去度过。

在亲密关系中的双方都必须相互尊重。每个人都是生而独立的个体，所以没有谁有权利去支配另一方。

不要允许伴侣利用负罪感来影响你。在亲密关系中，这种行为是幼稚可笑、深具破坏性的。不要为自己的正当要求感到内疚，你本来就应该拥有更好的东西。

选择你渴望的人生，也要允许你的伴侣去选择自己的人生道路。你们会因此相处得更融洽和谐。然而，如果你们的关系仍未得以改善，那么你可能需要重新评估审视你们之间的关系。你们应该这样去生活：做你渴望做的一切事，努力成为理想中的自己，并期望从伴侣那里得到温暖有力的支持。

是否去依赖他人，这是由你自己决定的。你可以生活在依赖中，也可以选择自由地生活。不愿给你自由的伴侣不是真正适合你的伴侣。

依赖会带给你暂时的心理上的美好感受。你可能会感受到被

对方保护的甜蜜，以及不用承担责任的轻松惬意。但是，你也会因此变得事事被动，惮于冒险。如果你想变成这样，那么就选择依赖吧。

假如你希望过一种兴奋刺激、快乐幸福的圆满人生，那就必须选择独立。告诉你的伴侣你需要自我管理，需要自我决定有关自己的一切事务。

对那些试图支配你的人表达交流你想独立的愿望。不要允许他们控制操纵你。不要因为感到义务或责任而去做任何事，除非是你心甘情愿。

着手独立去做自己的任何决定，开始为自己探索新的行为方式，结交新的朋友。如果你希望做某件事而你的伴侣不愿意去做，那就独自去完成或是邀约一位朋友一起做。如果你想拥有财务上的独立自主，那么就要学会协调安排自己的收入、支出。从今天起，做一个坚强自立的人。

每日箴言

安全保障不是我生命的意义，为获得伟大的机会，值得冒险。

——雪莉·哈斯德拉

一些公民总是热切呼吁政府增加财政开销为其提供从摇篮到坟墓的安全保障，无论对于自己或其他公民而言，这种要求都是非常危险的。如果他们的诉求得以成功，那么他们将以失去自由为代价，而最终他们也得不到任何真正的"安全"。

——弗南茨·楚斯诺

诚实是最好的策略

诚实是智慧之书的第一篇章。

——佚名

人与人之间只有建立在诚实之上的关系才能具有长久鲜活的生命力。如果你深深隐藏自己内心真实的感受，并且惧怕与人面对面地真诚交往，那么你就是不诚实的人。

不要让怨愤在你心中蔓延生长。不要掩藏你的愤怒和沮丧挫败感，将其压抑在心中。你必须学会与爱人沟通交流，说出你内心所有的真实感受，这样才能消除在心理上困扰你的紧张和压力。

不要试图利用狂怒、苛责他人或对一切假装冷漠淡然的外衣来掩藏你自身的弱点，你应该表达出自己真实的内心。这是解决问题的唯一方法。如果你感觉受了伤害，那么就勇敢地说出来；如果你心里恐惧害怕什么，也请说出来。把这些感受从你的内心释放出来。如果你故意压抑你的情绪，你就会变得愤怒、沮丧甚至绝望无助。

许多人都习惯把自己的感受隐藏起来，不展示给任何人，因为他们担心甚至恐惧别人会因此批评和指责自己。因为他们在内心控制压抑着自己的情绪和思想，所以他们内心的恐惧丝毫不易被人察觉，而他们在别人面前似乎依然是自信满满，若无其事。

过于担忧在乎他人对自己的决定会做出何种反应，这样的人实际是允许别人来操纵控制自己的。如果一个人太在乎别人对自己的看法，太在乎自己的决定会引起他人什么样的反响，那么他就已经失去了操控自己未来的主动权。

第十一章　创造人生的事业

当你按照他人的意见和方式去生活、工作，那么你就失去了对自己人生的主宰。如果你怕得罪人而唯唯诺诺，对别人言听计从，那么你同样失去了对自己人生的主宰。如果你不懂对人说"不"，或者对自己渴望得到的东西不敢提出要求，这就意味着你没有掌控自己的人生。

对你的爱人诚实地敞开心扉，袒露你内心所有的真实感受。学会诚实，你才能走出沮丧难过的阴霾，飞翔在自由快乐的天空。

现在就坦诚地表白你的感受。不要让一些微不足道的小冲突发展成难以解决的大问题，糟糕得一发不可收拾。要防患于未然，在问题未变严重之前认真分析面对它，与同伴一起讨论解决的方案，以此缓解紧张压力。如果你不采取任何有效措施来防止这些不良感受发展变强，那么当它们达到一种不可抑制的程度时，你将很难做到心平气和地表达自己而不愤怒或责怨他人。讨论很可能会因此演变成激烈的争吵，一切的解决方案将成为空谈。

每日箴言

商业生活的关键在于诚信的服务。商业是服务的科学，给予最好服务的人总是能获得最大的收益。服务他人的愿望应该建立在诚实这一坚强基石之上。在我的一生中，无论在言语、思想或是工作上，越诚实就意味着越大的成功。诚实赋予了人生不朽的价值，而对于商业则意味着光明磊落的成功。

——乔治·艾伯哈德

第十二章

成功者的励志故事

与厄运抗争

校车像一颗即将爆炸的鱼雷失控地穿过红灯，径直向托尼·利德的小车冲过去，将利德连人带车拖出好长一段距离。当他的车终于停下来时，车已被拖出 100 码。26 岁的利德脊骨被拉伤，生命危在旦夕，可对利德来说，麻烦才刚刚开始。

利德生长在美国佛罗里达州的圣皮兹堡。一次意外的膝盖受伤使利德再也不能参加高中的足球赛和田径赛，在那以后他便练起了举重。美国的一位赞助商发现了利德，鼓励他去参加一场健美比赛。利德在这次比赛中获奖，从此他在这一领域的发展一发不可收拾，每个周末的个人表演会出场费高达 2000 美金。

随后，利德又赢得了"佛罗里达先生""美国先生""南部美国先生"与"中部美国先生"等各种美誉。他又被选为候选者，准备参加全国健美锦标赛。可现在他的小车被校车撞上，车祸发生了。利德挣扎着从已被撞得惨不忍睹的汽车中爬出来，他想看看校车里的孩子是否有受伤的，可他还没站稳，便一下瘫倒在了马路上。

利德躺在医院的病床上，他知道自己背上有两块骨头已被碾碎，现在他连握住一个咖啡杯的力气都没有了。离全国健美锦标赛还剩 50 天了，利德决定继续参加比赛。他靠止痛药来维持赛前的训练，最后他报名参加轻量级组的比赛，只获得了第 15 名。比赛不仅使利德没有获得名次，也让他的背部与膝盖的伤情更加严重。

在这以后的两年里，利德既没有留在医院里，也没有待在公寓里，他离开了自己的经纪人，那个本想从他身上捞上一大笔的家伙。

"当我一败涂地时，那些我曾视为朋友的人都消失得无影无踪了。"利德后来回忆道。在那些日子里，自己只有整天守在电视旁，心情郁闷地开始酗酒，随后利德变得越来越胖。终于有一天，利德想让自己走出目前的阴霾状态，他想编排一套健美操节目在当地的有线电视台播放。

可是利德并没有就此结束厄运。一天，当利德刚结束锻炼时，突然他感到头部一阵轰隆作响，随后便失去了知觉。当他再醒来时，他已经躺在了医院的病床上，已被确诊为由脊柱压迫而致的髓膜炎。

几个星期后，利德在结束了一场紧张的商业谈判后，却阴差阳错地掉进了一个工业废酸池中。这次他被送进了烧伤治疗中心，接受特别护理。

又过了几个星期，当利德出院回家疗养时，他为自己买了一匹马，但这匹马却粗暴地踢伤了它的主人。结果，利德再次被送往医院待上了几个星期。

终于有一天，当利德的母亲来接他出院时，利德让母亲先带他去汽车行。

"她那时准认为我疯了，"利德回忆说，"她知道我根本就买不起车。但我告诉她还清买汽车的贷款会转变成为我工作的动力，所以我会不得不努力工作。如果我继续待在家里，那么我可能会一无所事，从此如同行尸走肉般生活。"

那天利德开着一辆崭新的迷你型卡马罗牌车回家。从那以后，利德的生活有了转机。不久，利德的身体恢复了健康。他考

取了健美教练的资格证书。靠着从代理人处借来的一笔贷款，他录制了一盘健美操训练的录像带。

现在没有什么能阻碍利德的发展。为了拍摄一部有可能不会立即带来赢利的健美广告，利德差点陷入财务危机。利德来到佛罗里达州的一家家庭直销网络专营店。该专营店的总经理巴德·帕克斯顿决定从利德处一次购买 500 盘录像带。这家专营店通过广播直销这种录像带，40 分钟便被一抢而空。当利德的形象作为录像带的封面时，15 分钟便销出 3500 盘。

在过去的几年中，利德公司的健美录像带的销售在同行业中独占鳌头。在 1993 年，他公司的健美录影带和健美器材销售额达到了 1 亿美金。他出版了一本自己的杂志，还写了一本名为《技能》的书。另外，他专为儿童录制了一盘健身录影带。利德现在心中已经有了一个大规划：

"我希望能推出一大群健美明星，"他说，"并让每一个明星代言与之相匹配的一系列健身用品，我要创造出成千上万的托尼·利德。"

每日箴言

面对不幸和灾难，渺小软弱的头脑总是轻易就被俘虏屈服，而伟大的头脑则会大无畏地征服超越一切险阻。

——华盛顿·欧文

成功是一个好老师，而逆境则是更伟大的导师。财富纵容人沉迷堕落，而穷困则激励人更加坚强。

——威廉·哈兹利

一个人会因为惧怕失败而在行动上畏缩不前、迟疑谨慎。其实失败仅仅是一个重新开始的机会，你会因此而变得更加聪明睿智。

——亨利·福特

被欺骗不会被打败

那个合伙人在电话机里的留言听上去一点抱歉的意思都没有。他将18岁的盖瑞·爱德投入公司的启动资金都偷走了，一个子儿都不剩，只在电话留言里简单留了句："一切都结束了。"现在，爱德不得不回家告诉父母他被一个无耻之徒骗走了25 000美金，这可是父母辛苦积攒的存款呀。

在16岁时，爱德和他的朋友在安大略湖合开了一个水源蒸馏器专卖店。这是加拿大第一家此类专卖店，生意发展非常迅速，吸引了一大帮追随者。但是，因为爱德当时仍然在读高中，而他的朋友又只擅长销售而不是管理，所以他们决定聘请一位经理。

这位新聘的经理是一位中年商人，他特地从加拿大过来寻求水源蒸馏器的销售商。正当他以为自己会空手而归时，他发现了爱德和他的朋友，他成为了他们的合伙者。有一天，这位合伙人在加利福尼亚与一位投资者会面后，给爱德打来电话说他们的合作结束了，随后他正式宣布公司倒闭。

当爱德和他的朋友在清理公司剩下的物品时，可怕的事情发生了。那位商人以公司的名义向银行取得多笔贷款，然后用于个人活动开支或者以捐赠慈善基金的名义流入个人腰包。此外，公

司的保险柜也被那位商人洗劫一空，而这一切爱德他们现在才知道。爱德描述道："警察告诉我，他为公司做的失物记录足足有我手臂那么长，更准确地说，记录长达 4 页纸。"

最后爱德的父母以担保人的名义为他的公司还清了银行 25 000 美金的贷款。但是，爱德想通过其他途径把这笔贷款还给父母。因此，他开始学习会计，然后找到了一份会计员助理的工作。但是靠工作的薪水来还清贷款起码得好几年的时间，爱德不想这样等下去。一天，爱德突发灵感：为什么不用父母的地下室重新办一个水源公司呢？

很快爱德开始了行动。这一次，他的合作者是杰克·莫瑞，一个在饮水行业有 10 年经验的人。他们以卖纯净水与水质过滤器开展业务，然后又用赚的钱，每人投入 5 000 美金开了一家零售店。

爱德的水晶净水中心生意越做越兴隆，最后将杰克原有的产业也收购进来。现在公司的资产已达到 100 万美金，爱德打算在安大略湖旁的加拿大沃特卢开设公司总部，包括一家新零售店、一个商品陈列室和一个大仓库，总面积达 10 000 平方米。

在今后的两年中爱德打算再开 4 家零售店，然后把他的公司带向一个全新的国际化舞台。

每日箴言

上帝对每只鸟都赐予了充足丰盛的食物，但他决不会把食物投进鸟巢，送到每只鸟的嘴边。

——荷拉德

顺境中的成功是每个人都心向神往的，然而，在艰难逆境中克服各种险阻而赢得的成功则更令人由衷钦佩礼赞。

——佚名

永不妥协

"让他们来没收房子，"大卫·米克林对他的妻子说，"让他们把这一切都带走吧，我现在真的什么都不在乎。"米克林，一位曾经很有抱负的企业家，他曾拥有一家市值很高的上市公司，可现在他公司的股票一文不值。米克林陷入了困境，没有工作，没有收入，也失去了与生活抗争的斗志。

但米克林，这位密歇根州人，对失败认识得还不够。在1984年，他购得加拿大莫利·美登公司的一种洁具在美国的经销权。在以后的4年中，米克林又获得了美登公司另外120种型号的洁具的经销权。他将这些洁具重新冠名。而后，约翰父子公司准备出资100万美金收购他的公司，然后投入大笔资金来改善经销服务，米克林可以继续担任5年总经理。这个收购计划对每个小公司而言都是梦寐以求的事。"被一家价值40亿美金的公司收购，"米克林说道，"我认为他们很清楚自己在干什么。"

但是这个大公司对服务行业和经销业务并不熟悉。"他们只知道谈论信仰，而不是消费者，"米克林说道，"两分钟就能解决的问题要花两个星期。"公司的方针是具自毁性的：公司的其他经销商从沃尔商场能够得到更便宜的配货。米克林这时幡然悔悟，决定立即辞去总经理的职务。

可一场米克林万万没有料到的噩梦出现了。他作为总经理的

红利将永远不会兑现，因为现在约翰已经将美登的产品搁置，这意味着米克林公司的股票变得一文不值。他从百万富翁一下变成了穷光蛋。那些债权人天天找他麻烦，而银行也取消他收回抵押品的权利。米克林所有的梦想和努力现在将全部付之东流。

没过多久，米克林便接到从银行打来的电话："美登公司即将宣告破产。"

就在这时，米克林发现了有可能让公司东山再起的一丝希望，他决定抓住这根救命稻草。"我决定得让公司重新站起来。"在又一次的董事会上，米克林力排众议当选为总经理。

这时公司的各方面的情况可谓满目疮痍，拖欠债务高达14 000美金，向银行透支达22 000美金，至少欠四分之三的债权人每人每年10 000美金。此外，120个经销商中绝大多数已经停止向总部上缴收入。而40%的经销商还准备对美登公司提出联合诉讼。

米克林上任后立即将原有的人员全部换掉，他重新找了两名雇员，然后又对房东说："我不需要10 000平方米的房子，500平方米就够了。但我现在还不能向你支付房租，以后不管我挣到多少钱，我都会给你一个百分比作为报酬。"

米克林又找到所有的债权人，向他们恳求不要起诉他的公司，并希望他们能重新对公司的新计划进行投资。

米克林接着召集所有的经销商，对他们说："如果公司的新计划成功了，那么你们现在的投资将会得到非常丰厚的回报。所以不要离开我，向我支付应有的费用，我需要你们的帮助。"结果，37家经销商与米克林的公司重新签约。

其余的经销商随后向仲裁者提出诉讼，而米克林在他公司的生意还没恢复之前，也没有再寻求新的经销商。

那些与米克林继续签约的经销商，现在的利润远远高于以前与约翰公司签约时的收益。现在总共有 119 家经销商。米克林现在仍然与以前的 54 家债权人合作。他已将业务发展到了日本、墨西哥和波多黎各。1994 年的年度收入计划将达到一个新的水平：2000 万美金。

但是 37 岁的米克林对自己目前的事业兴趣并不大。他说："我并不想为了钱来发展自己的事业。我衡量自己成功与否的标准是：当我给一个经销商打电话说我准备在星期三回乡下时，如果他回应道：'我们一起去吧。'这时，我会觉得自己是一个真正成功的人，因为我的合作者也成了我的朋友。"

每日箴言

不会发生的事急也急不来，发生过的事后悔也无用。

——中国民谚

我的一贯原则是：如果值得一搏，那么为了胜利值得付出一切代价。

——保罗·布莱恩

赢回自信

花上一大笔钱买回几百万磅的清鳕（一种名贵的海鱼），再转手售出，看上去这似乎是一个很明智的赚钱方式。但对罗杰·史密斯这位海产品公司的经理而言，这个方式却对他的公司

成了致命的打击。罗杰用借款买来的一批清鳕根本就无人过问。就因为这个草率的决定，他失去了他的公司和其他曾拥有过的一切。

史密斯在一个小渔村里长大。他从一开始就很有生意头脑。当他还只是以加拿大无线电报公司的一名电路维修师的身份接受公司的特殊培训时，他便将自己的拖拉机租给别人来赚取租金。

为了开办一家自己的公司，史密斯劝服一位承包商朋友借给他一笔钱，开办了一家鱼类加工厂。加工厂的生意很红火，不久他又开了两家公司，其中一家取名为"无需管理"，这与后来史密斯公司的境遇相比颇具讽刺性。

"这个行业充满了风险，"史密斯说道，"你会在半夜起来赶到一艘刚从暴风雨中归来的渔船上卸载货物。我经常对自己说：'我也许会失去两年辛苦创业挣来的钱，但我相信我会用一年的时间把失去的找回来。'"

那家名为"无需管理"的工厂主要为拉丁美洲的市场供货，史密斯对这家工厂采取了乐观的囤积政策。由于海鱼一般能喂养一年，而不是几天，史密斯便在夏天价格很低时，一次购进大量的海鱼，然后打算在价格上扬时卖出。

但没过多久，也就是 1987 年的 11 月，股票市场低迷。到 12 月时，经济的不景气使高风险的鱼产品加工行业受到严重打击。"加勒比海的市场取消了价值 10 万美金的订单，"史密斯后来回忆道。他看到海产品的价格一天比一天低，而那些同行又为了降低风险，廉价将手边的海产品卖掉，所以海产品的价格市场这时已彻底崩盘。

"不久，银行的两位职员找到我，"史密斯回忆说，"他们坐在我的卧室里，向我提问道：'你打算如何解决目前的问题？……你看看你都干了什么！你为什么要一次购进这么多的海产品？'"

在过去的几年里，史密斯的这家工厂赢得了近100万的纯利润，但史密斯将利润又重新投入到工厂的运转中。现在他根本没有资金将那些库存的海产品消化掉，而且这家工厂此时也没人愿意收购，因为现在整个海产品行业极不景气。

"那两个职员这次来本想从我这里拿到工厂的钥匙，这意味着正式宣告工厂的破产。"史密斯回想道，"我的工人将无处可走。"这同时意味着史密斯将遭受严峻考验。"我所有的一切，我的房子，我的汽车都将被银行没收，这意味着我的妻子和女儿将失去安身之所。"

史密斯当时强忍着极度郁闷的心情听完银行职员的发问，然后他开始说话："为什么我会购进这么多海产品？"他重复了一遍刚才对他的发问，"因为正是你们同意给我借款，你们相信我作为一个业内人士的专业判断。"他提醒两位职员他所在的行业是一个具有周期性发展的行业，所以他的工厂将会以充足的货源一直坚持到市场反弹时。这两位职员仔细端详着史密斯，他的表情，他坚决的语气。他彻头彻尾的自信说服他们同意再给他一些时间来走出困境。

他们几乎没有再多说一句话，就告辞了。史密斯继续进行他的计划。他卖掉了自己的一个工厂，获得了1400万的收益。他重新将产品投入市场。为了减少风险，并缩减库存费用，他将自己产品的售卖周期从6个月缩减为6个星期，虽然以6个月为周期会等到更高的卖价。

现在，史密斯的工厂已成为目前加拿大最大的海产品加工厂，销售额达 3000 万美金。史密斯仍然雄心勃勃，将他新开的一家公司命名为"变革研究会"，他将用自己的亲身经历为这家公司的员工发表演讲。

"我将告诉人们怎样得到快乐，"史密斯说，"告诉人们在实现人生目标的过程中应始终满怀信心。"

每日箴言

胜利不是只靠打一场仗就能赢得的，你需要的也许是艰苦的长期抗战。

——玛格丽特·撒切尔

衡量一个人的标准在于他对不幸灾难的承受力以及信念。

——普拉达奇

不可遏止的亲情力量

债权人的律师在桌子的另外一边对弗兰克·里奇和他的妻子摆出一副心满意足的表情。他前阵子刚参加完里奇公司举办的宴会，而现在他正计划着将里奇的房子像餐后甜点一样吞下。

当里奇 28 岁时，他不再经营父亲的产业，从朋友和小型企业管理局筹来资金开办了自己的建筑设备租赁公司，即坎迪德建筑公司。20 世纪 80 年代时，美国新罕布什尔州的建筑业发展蓬勃，政府在信贷方面也予以了大力支持。里奇在短短 5 年中，公司的资产从零增长到了 850 万美金。

在 1988 年以前,各种公寓和写字楼如雨后春笋般拔地而起,建筑市场非常大,里奇与他公司的客户能很快获得资金的回报。"但不久后,市场开始出现饱和,我们获得利润的速度也开始变慢。"里奇回忆说。

里奇的公司并不能很好地归还客户的债款,债务已达到 330 万美金,而他又不能迅速从租赁业务中得到回报。

里奇为了使资金能有所周转,他许诺给债权人 1 美元 100 美分的利息款,并外加其他利益。但债权人拒绝了此项建议,提出取消里奇的抵押品赎回权,而将其借款利息减到 1 美元 20 到 40 美分。这将对里奇的公司造成巨大的经济损失。里奇在债务高达 2000 万美金时,终于在 1990 年 11 月正式向法院寻求保护。

就在开庭的第一天,代表银行的律师,那个挣高薪的狡猾的波士顿家伙,在法庭上向法官陈述说里奇私下秘密出售公司的设备,在亏损的幌子下将现金流入个人腰包。这一陈述并没有证据来支撑,工厂的物品清单里并没有发现任何丢失的设备,这只是律师使用的心理战术而已,他想借此先从心理上给里奇一击。

为了给里奇加大压力,银行宣布将没收里奇的房子,他们并没有按照通常的惯例,等到法庭正式宣告公司彻底破产才进行没收。里奇已经私下签收了一部分贷款。"他们想通过你的夫人将你的公司没收。"里奇的律师分析道,"所以,如果你现在只有能力保住房子,你就要在房子和公司间选择一个由银行没收。你应该请求他们没收公司,以抵还债款。"但里奇的夫人西肯·朱恩·里奇让他的丈夫安排她与银行进行一次会谈。

里奇太太在会谈时当面质问银行方的代表:"你,你是什么人?是的,你不用回答我,我知道你是一个没有道德感,不讲道

第十二章 成功者的励志故事

理的人。"

"我的先生打算用他的余生偿还你们所放的贷款。但是你却想利用他的太太去弄垮他的公司。现在你给我听着，房子你们可以拿走，但我决不答应把公司交给你们。"

里奇太太的话说完后，房间里一片沉默。里奇起身对银行的人说道："你听见她的话了。现在你们就可以把房子拿走。"说完，和他太太一起离开了。

就在法庭将公布裁决结果的那天，里奇在他的公文包里发现了一张便条，是他 17 岁的儿子写的，上面写道："爸爸，不管今天发生什么，过了今天一切都会好起来的。"里奇带着儿子的这张便条走进了法庭，不管裁决结果如何，他知道自己已经赢了。

里奇最终打赢了官司。在忠心的供应商和顾客的支持下，现在他不仅还清了贷款，还创下了 650 万美金的盈利额。

每日箴言

当一个人沉着镇定地承受各种接踵而至的巨大灾难时，他的灵魂就会闪耀出动人美丽的光芒。他的沉着不是因为对灾难麻木不仁，而是崇高无畏的英雄气概和精神的自然流露。

——斯多德

勇敢接受现实是战胜一切灾难的第一步。

——威廉·詹姆士

"吹"向成功

　　玛丽亚·伊本妮家的窗户玻璃被大风一吹，稀里哗啦全掉了下来，盘子和碟子也从橱柜里一并而出。伊本妮邻居家的车棚被大风一刮，便坍塌在她的卧室里。伊本妮和她的孩子们赶紧躲在了一个小壁柜里，龙卷风已经将她家的屋子掀了个底儿朝天。

　　玛丽亚·伊本妮出生于哥伦比亚，后搬到迈阿密。1973年时，她成为第一个将计算机销售到拉丁美洲的人。就在1988年，她在把拉美计算机公司卖给了一个非常大的发行公司时，却受到了当地垄断政策的影响。"我当时找出一张地图，突然一个念头跳了出来：为什么不出口到非洲呢？"伊本妮说道。

　　在短短的6个月里，她出口非洲的计算机达到了70万美金的销售额。伊本妮的生意蒸蒸日上，可现在她遇上了龙卷风。她不得不迁移办公室和库房。

　　伊本妮没法去设想她的公司以后会变成什么样。现在这个又小又破的办公室和那些几乎破旧的家具，使她郁闷到了极点，但一想到她的计算机和顾客，她便会找理由对自己鼓气："我怎么可以在孩子们面前哭呢？"伊本妮将母亲和孩子们安排好以后，便步行两公里来到那个被龙卷风破坏得一塌糊涂的老办公室。这里的计算机零件散得满地都是。"我越往里走，情况就越糟糕。"她描述道。

　　"当我来到以前办公室所在的建筑前时，从前面看似乎与以前没什么变化。但当我打开大门时，树枝和文件纸到处都是。所有的东西被龙卷风扭曲得变了形。"伊本妮看着这一切，又不禁

抽泣起来。

没多久，她的一些雇员陆陆续续赶了过来。他们都表示对公司的重建无能为力。

"我发现我必须让他们与我同心协力，"她说道，"我停止了哭泣，告诉他们：'我们的传真机已经丢失了，我们从此与客户断了联系。所以我们现在应该改变这种情况。'"她的销售经理听了此番话，随即便赶回家将自己的传真机拿来。

另一个员工也立即去买回了 12 个便携式电话，发给每个员工。他们就这样 24 小时连续不断地工作，尽早把公司恢复起来。

为了激发销售部人员的积极性，伊本妮许诺将满足他们上个月所提出的奖金方面的要求。3 个月以后，伊本妮和全体员工将以前公司的地毯、家具等一切物品全部搬进了新公司，一切都准备就绪了。

就在龙卷风降临的这一年，即 1992 年，国际化的高科技市场经济增长率达到了 700%，龙卷风的袭击丝毫没有减弱这一势头。伊本妮的公司在 1992 年收入达 420 万美金，到 1993 年时，年收入几乎翻了一番，达到了 800 万美金。

现在伊本妮的公司已成功进入了全球市场，1994 年的销售额计划会达到 1500 万美金。

龙卷风将伊本妮的房子摧毁后，她现在已经和家人住在一所豪华宽敞的新公寓里。

对自己的新家伊本妮非常满意。"这里不再需要不停地除草，"她说，"现在一切都变得尽善尽美，也许是那场龙卷风使我的一切更好了。"

勇气是恐惧的天敌，它不是消灭恐惧，而是掌握控制恐惧。

——马克·吐温

在很大程度上，成功意味着在别人都放弃的时候，你却依然坚持不懈。

——威廉·费勒

愤怒而不言弃

罗伯特的公司已经亏损了 220 万美元。他早些时候为此给银行打电话说他急需一笔周转资金，在圣诞节之前给员工派发薪水，希望银行能再额外透支 15 万美元给他的公司。他满怀希望地听着对方的答复，以为银行方面能给他一个令人开心的好消息，然而遗憾的是，他错了。电话那头传来银行职员冷冰冰的声音，还带着些许残酷的嘲讽："一切都结束了。我说你们这些家伙干吗不到银行把账结了，把你们的抵押房屋的钥匙交过来呢？"

20 世纪 70 年代，罗伯特与他的兄弟安东尼共同接管了位于加州洛杉矶的家族生意，一家现在名为"潮流"的印刷公司。两兄弟为公司发展招徕了新的业务和客户。大多数客户都是被兄弟俩新提出的宽松的分期付款方式吸引而来的。公司运作得很顺利，年收入高达 3000 万美元。

不幸的风暴很快就降临了。1984 年 9 月，罗伯特兄弟贷款的

第十二章　成功者的励志故事

那家加拿大银行面临严重的财政危机，于是这家银行加紧催逼公司偿还其 370 万的贷款，而糟糕的是，当时公司并没有可用于周转的现金。

在万般绝望和无奈中，兄弟俩不得不忍痛拍卖价值 150 万的设备，并大规模裁员减薪，希望以此大幅度削减薪水支出，但这些仍然不够偿还银行债务。兄弟俩又狠心采取了另一项更残酷的抵押变卖，最终将债务偿还到只剩 22.5 万美元。银行终于松了口，延长了还贷期限。但这样一点优惠对兄弟俩而言不过是杯水车薪，根本无济于事。此后没有银行肯再借钱给他们，他们无法偿还其他债权人的债务，更别提维持公司的正常运转，因此公司仍然被巨大的债务紧紧套牢。衡量再三，他们决定将自己家族产业的控股权卖掉，预计将筹集资金 75 万美元。结果有 150 家债权人 100% 乐意接收。

不料，"潮流"印刷公司的竞争者像凶狠的豺狼一般插手干涉，必欲将已经伤痕累累、不堪重负的"潮流"置之死地而后快。他们威胁说，如果哪一家原料供货商敢与里罗伯特司继续交易合作，他们就将与之断绝一切生意来往。

一日清晨拂晓，罗伯特被一通电话惊醒，是公司最大的债权人打来的。他通知说他与另两家纸业公司已经向法院提出诉讼，正式请求将"潮流"印刷公司按照《破产法》第七条规定强行清算。

在经历了长达一年多的挣扎之后，那天清晨的电话成了一个重要转折点。这个电话比那些试图逼迫罗伯特兄弟终止一项交易的威胁更让人难以忍受，兄弟俩被彻底激怒了，气得几乎发狂。他们决定背水一战，用自己的方式捍卫"潮流"。数周时间里，他们四处游说所有其他的债权人，积极为最后一战做好充分有力的准备。

当烟雾缭绕的法庭终于休庭时，对方败诉。罗伯特兄弟获得了最终的胜利。兄弟俩兴高采烈地开车刚一回到厂里，雇员们就爆发出浪潮般的欢呼声，工作间的每一面墙上都张贴着大大小小胜利的标语。

在经历了700多个日夜生死激战的痛苦煎熬之后，兄弟俩终于再度掌舵"潮流"，并且更可喜的是，在两兄弟齐心协力下，"潮流"印刷公司又开始赢利。去年公司的总收入是811万美元，而里罗伯特弟也重新夺回了对自己公司的控股权。

"不计其数的人都会遇到无法熬过去的难关，"罗伯特说，"大多数人都撑不住或投降或消沉退缩了。但是我们会坚持到底，永远也不会退出。"

每日箴言

只有那些敢于相信自己体内蕴藏着比周围的人群更为优秀的能力的人，才可能获得灿烂辉煌的成功。

——布鲁斯·巴顿

浴火重生

詹姆斯·兰铎绝望地注视着不断窜出厂房屋顶的浓烟和噼噼啪啪爆裂的火舌。每一台机器、每一张精美的印刷品以及6部拖车，顷刻间被1900摄氏度高温的熊熊火焰所吞没。这是公司全

部的资产，如今全都灰飞烟灭。当雇工们带着家人赶到围观时，眼前的景象让他们流下了伤心的眼泪。

兰铎曾经是福特汽车公司的一名生产线工程师。1971年，他在位于俄亥俄州休伦家中的阁楼上开始了自己的事业——刊印儿童书籍。到1979年为止，兰铎有限公司已经发展了3000家客户。他购买了一些二手设备，新开设一条儿童彩色图书印刷线，并发动妻弟马丁·麦尔斯来给自己当帮手。生意日渐繁荣，销售额节节攀升。

1992年6月12日，当兰铎和马丁夫妇正悠闲地坐在"妈妈汉堡店"共进晚餐的时候，他的一个女雇员气喘吁吁地冲了进来，歇斯底里地朝他们大哭。兰铎的第一反应是一定是他的孩子出事了。最后，那女人终于喊了出来："厂房着火了！"

10分钟后，当兰铎赶到失火现场的时候，他甚至还没来得及咽下最后一口汉堡。他现在一无所有，厂房没了，产品没了，无家可归，身无分文。保险公司的赔偿费一分不少地全部还给了银行。

兰铎的顾客从他的竞争者那里听说了火灾的事。那些竞争者早就迫不及待地盼着他破产了，恨不得在他棺材上狠狠地锤进最后一根钉子。当他去会见一名客户时，刚巧客户正在接听电话。客户招招手示意他进办公室，并同时按下电话免提键，电话里立刻传来兰铎的一个竞争者的声音，那人正在电话里斩钉截铁地向那位客户保证兰铎的公司永远完蛋了。

带着愤怒和屈辱，兰铎将全部身心都投入到重建自己的事业中。几周内，他在阿什兰德找到了一处濒临倒塌的破败厂房，并将其买了下来。随后又雇了当地的一些门诺教徒用混凝土将厂房的四墙加固，兰铎几乎每天都要连续工作 18 个小时。"那时候我就像是在打一场真正的仗，"他回忆道，"我不敢歇下来，不敢松一口气。因为那些竞争者个个都豺狼般地跟在我后面。"

随后，兰铎的供货商为他提供了积极的帮助，很快将设备送到新厂房。他的经理们也加班加点地与那些银行家和保险公司谈判斡旋。刚开始的几周内，兰铎就用了 25,000 加仑油漆来粉刷新墙。在正式搬进厂房后 3 天，兰铎的公司就开始投入生产。

火灾后的第一年，兰铎的生意就增长了 80%，达到了 3000 万美元。几年后，兰铎公司已经拥有 36,000 家客户，包括鼎鼎有名的科马特·凯必玩具和沃马特图书中心。他已经签署了自己的第一批授权协议书，正式出版《石头族》《大力水手》《鲁伯熊》等一系列受欢迎的书籍。

"现在我和妻子仍然常常在满是火光的梦魇中惊醒。那次火灾已经在我们心中烙下了深深的创伤。"兰铎深沉地说，"我们之所以会从头开始，最重要的原因是我不可能狠心背弃那些忠于我的员工们。他们如此信任我，把希望全都寄托在了我的身上。"

每日箴言

无论在哪一行，事业成功的概率都是由自我信心的坚定程度所决定的。

——罗伯行·科列

如同打高尔夫球，人真正的考验不在于避免磨难，而在于靠自己的实力从磨难中解脱出来。

——约翰·摩尔

第十二章 成功者的励志故事

以苦难为师

"阿特，你的四肢全部瘫痪了。在你的余生中，你将永远都不能再走路，永远不能生育小孩，永远不能参加体育运动。"这是医生对阿特·伯格的诊断。阿特的人生似乎在刚刚应该开始繁花似锦的时候就无望地结束了。

阿特年仅 21 岁，但他小小年纪就已经事业有成。不仅建立了自己的网球场建筑公司，还与未婚妻——犹他州大学生选美冠军小姐共沐在甜蜜的爱河中，并准备共结连理。天有不测风云，就在他婚礼的当天，朋友开车载着他赶往教堂，谁知一不小心将车撞上了路障，酿成了惨重的车祸。汽车极度变形扭曲，阿特整个人也被强大的冲击力抛出了车外，重重地撞在地上。

结果阿特几乎全身瘫痪，他的医生建议他好好疗养，不要再工作了。事实也是如此，当他挣扎着试图在医院病床上处理公司事务时，他感到身体极度虚弱，力不从心，最后不得不放弃公司。

"一家残疾人代理机构试着为我安排一份适合的工作，"阿特回忆道，"但他们说，'忘了推销这档子事吧，老老实实地待在那里就好了'。他们说人们不会希望我在他们身边碍手碍脚，我最好也别接听任何电话。"

为他做精神治疗的医师，事业顾问，全都极力劝告阿特面对这样的现实：他的事业和正常的生活已经全毁了，全部都结束了。越快接受这一事实，他就能越早地脱离痛苦。

但此时有一个信念不断在他脑中浮现，像洪亮的钟声一样响彻心扉，是他在拿破仑·希尔的书中看到过的一句话："一切遭遇，无论好坏，均有等值或超值的回报。"

"我感到这将是我人生最了不起的经历。"阿特说。

阿特的梦想是推销。"我知道雇佣我对任何老板而言都是巨大的风险。所以我对他们说如果我在30天内销售额没有超过他们的冠军推销员，那我将自动离开，并且他们无须支付我一分钱。"

几十家公司都无情地拒绝了阿特的提议，经过无数次的碰壁，他终于被贝尔·亚特兰大雇佣。在那里工作的3年时间里，阿特连续赢得了3次全国最优秀的推销员大奖。他与未婚妻完婚后回到了犹他州，在那里他开了好几家书店，一年的总销售额超过了50万美元。1992年，他荣获该地区的"年度杰出青年企业家"称号。

阿特将自己的故事写成了书——《奇迹是需要时间的》，该书售出了2万册。阿特还在犹他州成立了"决胜交际有限公司"，专门负责安排自己的公共演讲事务。接下来，他将游历180，000英里的距离为150个不同的团体发表演讲。在过去的两年里，他的演讲收入已成倍增长。阿特还奇迹般地成为了世界级的轮椅运动员、潜水员、滑翔伞运动员和网球手。每天清晨，他都满怀希望醒来，告诉自己："也许我今天就能再次站起来走路了！"

"痛苦能教会我们如何成长，"阿特说，"如果我们只是一味沉溺在痛苦和挫折中无法自拔，那么我们就会错过人生精彩的一课。痛苦能使我们更清醒地认识到自己的目标，更加坚守自己的梦想。"

只有当一个人永不言弃的时候，所有付出过的努力和汗水才会赢得充分的回报。

——拿破仑·希尔

思想是决定善或恶、不幸或幸福、贫穷或富有的唯一力量。

——爱德华

一无所有的力量

弗兰克·欧迪半夜醒来，发现自己正蜷缩在多伦多贫民区里一家廉价旅馆破旧肮脏的帆布小床上，痛苦地扭作一团，心中充满了恐惧。他挣扎着坐起来，系紧鞋带，好让鞋子紧紧套在自己的脚踝上，以防被人偷走。昨天晚上酒精给他带来的飘飘欲仙的快乐享受现在已经变成了内心恐慌的感觉。

"最糟糕的是，"欧迪回忆说，"我绞尽脑汁也想不起前一天晚上我到过哪里，都做过些什么。脑中空荡荡的，只觉得天旋地转，就像世界末日快要来临。"

欧迪出生于一个富裕的中产阶级家庭，从小就在父母充满浓浓爱意的呵护下幸福快乐地成长。欧迪家在城里拥有一幢高级住宅以及一所湖边别墅。然而在欧迪 13 岁那年，他染上了可怕的酗酒恶习。"酒，"他说，"是我对生活不满的回应和对抗。我并不认为我很适合饮酒，但当我一拿起酒瓶就觉得万事顺心，感觉棒极了。多年来我都沉醉于追逐那种放纵的快乐感受。"

欧迪常常酒后驾驶，曾经发生过 17 次严重的由酗酒造成的车祸。因为酗酒，他被大学逐出了校园，丢掉了无数的工作，最后他的父亲也气得忍无可忍将他踢出了家门。在他 20 岁刚出头的小小年纪里，他就开始靠行乞为生，讨来的钱全部用来买醉，夜里就睡在贫民区一些廉价的小客栈里。

一个名叫伊兹·伦济茨的油漆店老板不忍心看他这样沉沦下去，于是为他提供了一份日薪 5 美元的工作，要求他每天将存放在地下室的油漆桶搬运到店里。欧迪勉强答应了，却依然三天打鱼两天晒网，常常不去店里工作。直到有一天，他在店内的收音机里听到这样一条广告："如果你有酗酒的毛病，请给我们打电话。"

"那是我第一次意识到我已经染上了酗酒的毛病。"欧迪说道。他向人讨了一角硬币，给那个酗酒者自助康复中心打了电话。他们接收了他。他认定自己一定能够凭借意志将酒精彻底戒掉。

数月后，欧迪戒酒成功并得到一份推销的工作，他偶然中遇到了汤姆·卡利根。两人于 1974 年一起合伙创立了名为"第二杯"的品酒咖啡连锁店，到 1985 年，他们已经拥有了 60 家分店。

渐渐欧迪开始变得贪婪，他不满足与人分享，试图将自己的合伙人汤姆赶走。于是他与汤姆拟订了一份"君子协议"，即双方各报一个价，价高者可以将另一人的股份全部买走。

"结果他出的价高，他把我的股份全买走了。"欧迪说，"突然间，在我 39 岁的时候，我发现自己失去了事业，无事可做，无处可去。哦，是的，我的口袋里还装着好几百万美元，但

是我感到非常沮丧绝望。"

他想再创造出"第二杯"那样的辉煌成功，他用自己的钱开办了一家风险银行，结果却亏了许多钱。然后有人给他提供了"先锋碎纸"的点子，那是一种可移动的碎纸服务。谁料欧迪倒霉得一错再错，他花掉好几百万美元却买错了设备。他从"第二杯"得到的钱如今全部泡汤了。

欧迪旧日所有的恐惧又袭上他的心头：他注定是一个倒霉的失败者，一个社会的多余人，他能成功戒酒以及曾经取得的成功不过是侥幸而已。无处可去、四处流浪才是他的真正归宿。"我不能否认，"欧迪坦白地说，"我曾经有过再度酗酒的念头。"

此时欧迪的资产还剩 10 万美元。如果继续经营"先锋碎纸"，那就几乎要花掉他每个子儿。如果他失败了怎么办？他再也经不起打击了，那会使他彻底完蛋。

"然而我想起了一件事，"欧迪说，"我是从贫民区重新开始的，我本来一无所有。我当然可以无所顾忌地去冒一切风险。于是我签了支票。"从此以后，他再也没沾过一滴酒。

欧迪最后还清了所有的债务，在北美和法国已经拥有 28 家经销公司。

欧迪还拥有另一家成功的公司"撒马利亚空中救护服务有限公司"。他慷慨捐助开展了无数次慈善活动，最近因此而荣获"加拿大最佳志愿者"年度表彰。

欧迪说："我曾经被酒精折磨得不成人形，但幸运的是，我一直没有失去心中的希望。"

永远不要放弃。永远、永远、永远、永远不要放弃。

——温斯顿·丘吉尔

打赢比赛的每一局，你就成了冠军。

——詹姆士·科伯

直面现实的力量

杰·皮尔感到自己的腹部钻心般地疼痛，他再也支撑不住巨大的痛苦，重重地摔倒在地上，挣扎着向走廊爬去，并呻吟着呼唤自己 5 岁大的儿子来帮忙。他已经破产了，然而老天的惩罚似乎还不够，现在他就快要死了。

1978 年，皮尔与演员联盟协会共同收购并重建了位于曼哈顿的古老著名的奥菲亚剧院。剧院重新恢复旧日的生机，甚至更加繁荣。皮尔见好就收，他将自己的股份全部出售，得到了 25000 美元。然后他与新婚妻子又将这些钱与结婚获得的礼金一起开办了"演员信息顾问公司"（即 AIP）。演员们源源不断地到皮尔的公司咨询学习经营自己事业必需的商业技巧：如事业目标设置、行销以及商业发展计划。演艺事业当时正兴旺蓬勃，皮尔的选择正迎合了需要，简直绝妙极了。AIP 拥有全职的工作人员，在纽约和洛杉矶都设有办事处，年收入达到 60 万美元。

然而好景不长，演员工会开始持续罢工。AIP 几乎没有什么生意，员工纷纷辞职，而维持 AIP 每月需要 45000 美元的费用，

第十二章 成功者的励志故事

公司开始忍痛"放血"。

"我自认为自己很特别，所以一切都应该在关键时刻出现转机。"皮尔说，"但遗憾的是，什么好事也没发生。"

为了降低成本和开销，皮尔开始变卖设备和削减员工福利。AIP 剩下的员工被激怒了，提出抗议。可皮尔无能为力，他甚至还砍掉了自己 7 万美元的年薪，并到一家运动酒吧打零工养家糊口。AIP 堆积如山的债务全部由皮尔一个人负责承担，这对他来说是难以忍受的沉重负担。他变得暴躁易怒，动辄对员工大发雷霆。

在皮尔宣布解除公司员工的医疗保险数天之后，出现了文章开头的那一幕：他发现自己躺在地板上痛苦地抽搐。很显然，那既不是阑尾炎也不是癌症，而是肾结石。皮尔拿不出 5600 美元来做去除结石的手术，更糟的是，他也没有医疗保险。

除了公司的麻烦、与债权人的斡旋、没日没夜地打两份辛苦的零工、时刻忧心家人生病怎么办以外，现在皮尔又添了新的烦心事：他不得不忍受肾结石带给自己的巨大痛苦和折磨。"那年夏天，我不得不坐上回新泽西家的公共汽车，在路上突然开始晕车呕吐。我一直在思考自己的人生。告诉自己已经无路可走了，我为什么会那么蠢？"

后来，皮尔遇到了一个商业顾问汤姆·里奥纳多，汤姆劝他说："嗨，皮尔，你为什么不面对现实呢？你已经破产了。"

"这句话像无数沉重的砖块砸在我的心上，我被震撼了。"皮尔说，"我还记得从前常与朋友聊起这样的闲话：'你知道住在富人山上那个拥有豪宅的家伙吗？他破产了。'我们给这种人取了绰号，嘲笑他们为'熊大'，意思是丢脸可耻的人。没想到现在这样的事竟然发生在我自己身上！但是很快我就毅然决定扔掉自己沉重的假面具，接受现实，我需要改善自己的财政状况，偿还借款，然后再好好地活下去。"

皮尔终于宣布破产，接受了结石去除手术，与债权人达成协议关闭了 AIP，并开始自己新的事业——成为乔治大学的顾问，帮助人们去面对解决人生的难题。他现在的收入是以前在 AIP 的两倍。

"我从前所遭遇的那些事情与真正的大事业比起来其实是微不足道的，人生还有比生意和成功更重要的东西。"皮尔无限感慨地说，"我所经历的一切痛苦都是我必须学习的人生重要一课。我现在试图把我的切身体会告诉更多的人，帮助他们以更宽松平和的心态看待成功。"

每日箴言

伟大艰巨的工作不是靠力气完成的，而是靠坚定不移的毅力。

——塞缪尔·约翰逊

成功的杰出人物

（1）迈克尔·罗宾——现年 22 岁，国际体育运动用品 KPR 专卖店的创始人，公司年度销售总额达 5000 万美元。罗宾早在 14 岁就开设了自己的第一家零售店，16 岁那年，他已经将小店发展成专卖滑雪运动用品及服饰的小型连锁店。他最大的个性特质是：大胆无畏、敢冒风险。座右铭是：不要惧怕任何冒险。创

业之初他身无分文，完全凭借贷款才开创了自己的成功事业。

（2）杰茜卡·坎培拉——现年17岁，是来自加州好莱坞一所高中的高年级学生。前不久刚拿到汽车驾驶证。从10岁开始创作诗歌，八年级开始学习电影理论。最近完成了一部电影剧本，并以15万美元的高价将其卖给了新干线影业公司。她的成功秘诀是：怀抱激情投入自己从事的事业，并尽可能熟悉掌握该行业的一切知识。

（3）保罗·威勒——从不轻言放弃的坚强汉子。在他最近的生意成功以前他经历了无数次失败的痛苦。最开始，他经营了一家电机车商行，但很快他所代理的机车品牌就濒临倒闭。20世纪70年代，因为银行利率飞速高涨，他所有的积蓄都消耗殆尽在自己贷款购置的不动产物业上。1985年，他接到煤气公司的停业通告，因此不得不忍痛关闭自己的素食餐厅。经历了这一连串的打击，但保罗却丝毫没有气馁放弃，而是成功地将逆境和困难变成了机遇。素食餐厅虽然关闭了，但他继续经营外卖快餐食物，这得益于他的"花园汉堡"的灵感。"花园汉堡"成了广受欢迎的食品，很快招徕了巨大固定的食客群，其顾客规模远远超出他以前的素食餐厅不固定的顾客流量。在"花园汉堡"之后，他乘胜追击，迅速创建了一条健康食品生产线，生产诸如全素腊肠和杏仁奶制品等健康素食。其年度销售额从1990年的160万美元迅速增至1994年的2400万美元。短短4年间的巨大变化不言而喻。但保罗并不满足这样的成就，他继续开发新产品，现已将"花园热狗"正式投放市场，这是一种健康的"热狗"替代品。看来保罗最终找到了属于自己的灿烂天空。

（4）罗伯特·约翰逊——一位具有远见卓识、勇于冒险的超级"推销员"。他一直想创建一家美籍非洲裔传媒中心。从普林斯顿大学毕业之后，罗伯特先进入华盛顿城市联合会公众部工作，随后又加盟公共广播公司。之后他凭借自己丰富的知识、经验和广阔的关系网开创了黑人娱乐电视台（即 BET 传播网）。BET 是一家从事电视广播及出版的公司，其内容专门针对美籍非洲裔顾客市场，在电视及出版业是仅此一家。BET 的支柱产品是音乐录影带和儿童录影带。罗伯特终于成功实现了自己的梦想。目前 BET 价值 3.5 亿美元，到 20 世纪末其市值保守估计将高达 10 亿美元。罗伯特坚信，要想实现自己的目标，你必须使你的想法具有非凡的吸引力，给人们留下深刻印象，并且还要心怀激情积极工作，这样人们就会给你丰厚的回馈，帮你实现自己的梦想。

（5）布兰卡·哈里逊——现年 35 岁，没有任何大学文凭。1982 年，布兰卡进入西雅图太平洋房产从事秘书工作。一年之后，她转入该公司下属的物业管理分公司。今天她成为公司的副会长、合伙经纪人及主要负责人。她的人生座右铭是："勤奋工作，对待他人要不卑不亢，随时保持清醒并努力把握每一个机会"。她不相信失败，她说："我认为失败是通向成功未来的必由之路，所以我坦然地接受它。"

（6）罗伯·格拉瑟——现年 33 岁。格拉瑟在微软工作 10 年后独立创建了自己的维新网络有限公司。他研制出了"真实音频"，这是一种能将真实的音频信号传送到世界万维网中的技术。他将自己对电脑的浓厚兴趣与通讯业相结合，并精力充沛为自己的目标奋斗，最终获得了令人瞩目的成功。他说，自己的灵感和动力来自于恺撒大帝、马丁·路德·金、列维·哈威尔以及曼德拉等优秀人物。

（7）凯瑞·安德森——她的成功是建立在使人们"大汗淋漓"的基础之上。凯瑞，现年39岁，拥有一家名为"超越训练"的健身俱乐部，同时还成功推出了两套风靡畅销的健身录影带："挥洒汗水"和"健美公式"。她的目标是发展更多的会员，并更大范围地向人们普及运动健身的益处。凯瑞是如此看待失败的："过去的每一个灾祸和失败使我能不断将自己的人生调整到新方向、新目标。有句格言我体会颇深——'当一扇门关上时，另一扇窗就会打开'，我觉得对我而言这是千真万确的真理。"

（8）斯蒂文·史密斯——现年28岁。从16岁起就开始涉足真正的房地产业，摸爬滚打创出了自己的事业。创业之初，他在西雅图大学的校区内购置了一套公寓，正式开始租赁业务。随后在19岁那年创立了自己的"幸运发展公司"。从那以后，他成为家庭住宅的主要建筑开发商，专门面向单一型家庭和复合型家庭购房顾客。迄今为止，他在全美范围内已拥有360套住宅单位，价值超过3600万美元。他目前已将业务扩展到中美洲洪都拉斯的首都。他未来的目标是能够更多地为那些支持家庭住宅建筑业的慈善机构提供奉献和捐助，帮助那些亟须住处的无家可归者。

（9）杰夫·肖恩菲尔德——25岁那年得到一个良机，以500美元的低价购买了一个旅游中介行。他说："是的，真刀真枪地操练实干远比进入商业学校培训更富有趣味和挑战。"在他购入后的第一年，该旅游中介行"城市旅游"收到的佣金总额共为4万美元，收支相抵后只赚取了5000美元。很快杰夫就彻底扭转了局面，1996年其年收入预计将达4000万美元。他的人生目标是挑战自我极限，无限发挥自己的能力。他把挫败看作学习和改进的机会。

（10）庄·乔丹——现年 31 岁，于 1983 年创立南方音频服务公司，该公司的年度销售额为 1500 万美元。他这样描述自己创业的灵感和驱动力："当我还在高中的时候，我就一直想在自己的车内安装一套效果棒极了的立体声音频系统。"

（11）雪莉·麦迪娜——现年 34 岁，南海岸康复服务有限公司的创始人。该公司的年收入为 2000 万美元。公司于 1988 年成立，雪莉此前从未接受过任何正式的商业培训。她如此描述自己公司的服务："我们给予客户家人般的温暖和细致的照顾。"雪莉的公司曾接受过一位 80 岁高龄的半昏迷病妇。当时人人都认为她不可能有救了。在雪莉耐心的日常护理下，奇迹出现了，病人不仅从昏迷中清醒过来，而且还能顺畅地重新开口说话。雪莉回忆说："这个病人给了我极大的鼓舞和灵感。为什么我不能开设专门针对老年人的康复服务项目呢？于是我的公司又新增了一项业务。对于一个临床医学者而言，病人的康复是最大的欣慰，正是这些成功使我们不断地前进和坚持下去。"她如此描述自己："我是一个自强不息的人。我的字典里没有'失败'这个词。我甚至非常欢迎挫折和障碍，因为我把它们看作成功的机会。"

每日箴言

真正的谈话意味着能够各持己，见甚至观点极其相左，却仍然能愉快地进行下去的谈话。

——德怀特·麦克唐纳

错误是"发现"的入口。

——詹姆斯·乔伊斯

第十二章 成功者的励志故事

· 271 ·

圣诞节的奇迹

当被诊断为乳腺癌时，奥丽维·扭顿庄不得不开始让自己直面死亡的威胁。在饱受深度化疗 8 个月的痛苦折磨后，奥丽维接受了部分乳房切除手术。

即使在她最虚弱痛苦的时候，现年 46 岁的奥丽维依旧保持着自己乐观的心态，就如同她在自己最棒的上榜单曲"你永远是那么甜美"中唱出的那种积极快乐的情绪。

她总是以乐观幽默的方式来描述自己与病魔的激烈抗争。在治疗过程中，无论在精神还是肉体上，她都承受了常人难以想象的巨大疼痛。但对于痛苦的描述，她却采用了幽默乐观的语言。

"你被扔进一个讨厌的冲压机，它不停地在你肚子上压来压去，这真是一件很糟糕的事，而且你还不得不找时间溜出来！"

"我有一群古灵精怪的家人和幽默的朋友。我之所以能坚持下来是因为我不能不笑。""我忍受了化疗，并且成功保住了我的头发。但 8 个月后，我的胸部却被夷为平地。"

积极乐观的想法虽然能使人保持心境的平和愉悦，但说到底，与癌症的殊死较量是一场生与死的艰巨激烈的拔河赛。

失去乳房对她而言无疑是一个极具震撼力的打击。难道她从不曾恐惧过吗？从不曾为此感到痛苦沮丧或气馁绝望过吗？

在向她提出这些问题后，她先是长久的沉默。然后，她怀着坚定的信念毫不犹豫地将自己内心最深处的想法充分表达了出来。

"我一直面对着死亡，"她回答道，"或者说至少面对着死亡的可能性。在很短一段时期里，我害怕过，甚至是深深地恐惧。"

"但是一旦面对过死亡并且仍能幸存下来，你就再也不会有任何的畏惧了。那次经历使我成熟了许多。我重新发现了一个自我，尤其重新发现了我内在的力量。"

接下来我又好奇地问了一个有些调皮的问题，她从自己身上到底发现了什么自己以前从未曾发现的东西？

她爽朗地笑了，说："我过去是很具防备心理的，甚至对自己也是如此。我常常压抑自己的感受。现在我能坐在这里坦诚地回答你的问题，这难道不是一种改变吗？"

奥丽维出生在一个声名显赫的家庭。她的祖父是诺贝尔奖获得者、德国物理学家马克斯·伯恩。父亲曾是墨尔本一所大学的校长。

她15岁就从高中辍学，赢得了一次音乐天才竞赛的冠军，得以同一位英国流行歌手一起在英国巡回演出。1979年，英国女王伊丽莎白二世亲自授予她大不列颠帝国荣誉绶带。

当她谈到自己攻克目前最大的障碍——癌症，所具备的信心和能力时，奥丽维的表述是明白直接的。她清楚地列出近年来自身发生的最明显且重要的三大转变：

1. 压抑、克制自己的愤怒情绪。"我开始懂得去发泄自己的愤怒。摔盘子砸碗可能是一个发泄怒气的很好途径，但我不用这种方式。我有时候会哭，但现在，我更倾向于在我仍然生气的时候主动与人谈论我的愤怒。"

2. 从前她在每次音乐会、录音和接受电视访问之前都会很紧张，严重时还会出现胃痉挛。她现在正在努力培养自己时而脆弱

不稳定的自信心。

"我现在常常练习冥想，"她说，"我以自己为中心，重新找到了焦点。我尽力把自己在紧张时的身体颤抖转变成能量。"

"痉挛源自恐惧。我试着这样去想，'恐惧不过是肾上腺素而已。'"

3. 她努力试着使自己不被职业的压力所纠缠压倒。"我现在意识到每一天都是上天赐予的美好礼物。为工作或职业这些事而背负沉重的压力，终日郁郁寡欢，无疑是浪费时间和生命。"

"人人都忙于追逐成功。这其实很傻，对于漫长的生命而言，所谓的成功和出名都是短暂而毫无意义和价值的。明天一旦来临，一切成就终将成为过去，今天再当红的歌手也会被人遗忘，为什么要为这些毫无价值的东西破坏透支自己今天的快乐？"

虽然她喜爱一切奢华典雅的东西，可她现在却说只要能与丈夫和女儿一起去野营都能让自己快乐很久。

这些日子里，奥丽维怀着感恩的心享受着生命的每一刻，把自己度过的每一天都当作纪念日来开心地庆贺，同时充满信心地憧憬着遥远的将来。

"你的肉体是受你的思想和意志控制的，"她说，"你的想法可以使你罹患疾病，也可以战胜疾病。"

"每当一个消极的想法浮现在我脑海中时，我就会马上改变它。人的灵魂与肉体是完整合一的，两者相互作用，缺一不可。"

然而，她承认在与病魔抗争的这些年里，曾经有过一个消极念头，她曾沮丧地认为自己——一个曾荣膺过 4 次格莱美音乐大奖，用歌声为人们带去感动的歌手，一个电影明星，将永远不可能再从事以前的工作了。

但现在看起来，这种担心完全是多余的。她仍然活跃艺坛，甚至比以前更具动人的魅力。

每日箴言

如果你从不曾毫无条件、不计回报地真心帮助过别人，就算你赚取了无数的金钱，你也不能算是活过完美的一天。

——鲁斯·思迈泽

对于一个任务，那些说"不可能做成"的懦夫应该远远地靠边站，而不应该像绊脚石一样挡在那些无惧艰难、努力奋斗的人的前进道路上。

——约耳·巴克

"宽容"意味着对于某些事物，你应该用你的心灵而不是眼睛来体会和看待。

——奥兰多·巴蒂斯特

无论一个人能完成多大的工作量，也无论他具有多么迷人的人格魅力，如果不学会与他人合作，他将永远无法取得事业上的长足发展。

——约翰·克雷格

第十二章　成功者的励志故事